시시詩詩한 하루
—2025년 1월 ~ 6월

김승길 제7시집(자필)

차례

— 작가의 말 —

난 18살 10월 1일 일기를 쓰기로 결심.
하루도 결석 말자는 시멘트가루와 생의 끝까지 실행하자는
모래와 배인이라는 물을 적당히 섞어서 인생살이 시멘트벽을
지금까지 쌓아왔다.

그러던 중 연분난 시가 집밖에서 동행을 하게 되었다.
인생살이 발자국엔 시가 강력하게 배인을 지키면서 생의
튼튼한 벽을 지지하고 있는 중이다.
시란 삶이고, 생은 삶이 찬조해 축출해내는 인생사이기에!

속옷을 벗어버린 용기로,
민낯으로, 인생시집을 대하는 독자와 시의 공감의 교량으
로 연결되는 인연을 한강게, 간절한 마음으로 기다리겠습니다!

2025년 1월

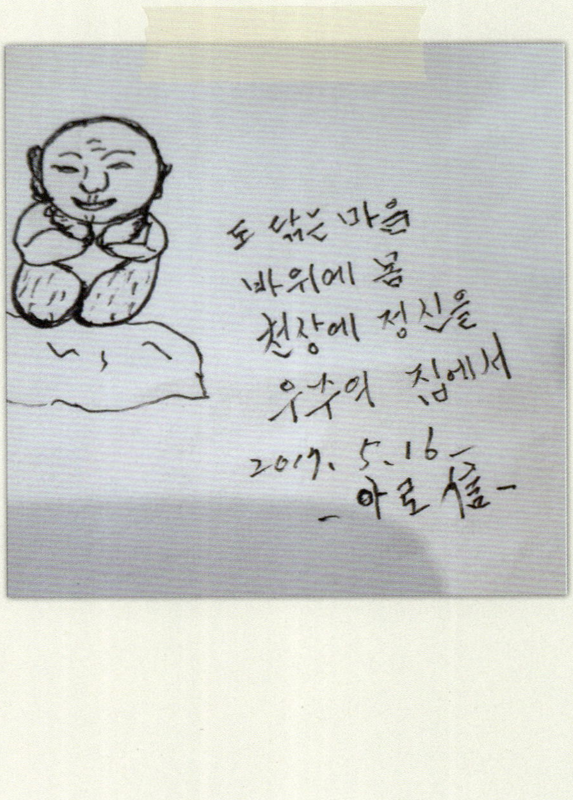

2025 살기 힘든 괴물동네

Week 1 **Wednesday** (수) **1**
1-364 신정 (12.2 庚午)

새해에 꼭 이루고 싶은 것은 무엇인가요?

버린 사람은 괴물이라고 한다
버린 이는 괴물 아닌 성인이라 한다
누구의 말이 옳은지 모르겠다
나도 괴물인가 싶은 생각 때문에

분명 괴물인데 아니라고 우긴다
괴물을 잡아서 가두어야 한단다
괴물이 아닌데 절대 가두지 말라
괴물을 두고 옥신각신 싸워댄다

괴물의 눈엔 괴물 아닌 착한 이다
괴물 아닌 눈엔 괴물이 맞다
새해의 첫날인데도 괴물 때문에
모두 괴물이 되어버린 세상이다

괴물이 스스로 인정하는 게 정상
하지만 절대 괴물이 아니란다

누구 때문에 괴물이 됐을까

08

09 아아!

10 작디작은 즐거운 일 하나라도

11 찾아오면 좋겠다

12

13

온 나라 안이 시끄럽다!
왜? 왜? ~ ~
서로 옳다고, 대통령이 잘했
다고, 잘못했다고!
대통령을 구속해라!
아니야 구속하지 마라.
뭐가 잘못했나. 옥신각신
떠들어대는 군중들!
정말 괴물이 나타난 건가!
오직 자기 눈엔 이것이 옳다!
아니야 저것이 옳아!
양쪽을 잘 관찰하고, 성찰
하면 분명 옳고 그름 있을
14 텐데 보이나!
15 활종 변형성 강한 동물이
16 사는 동네 싫다 싫어!
17 빨리 유비하고 인해서 잘못을
18 해결하니 마음이 개운하다!
19 작은 삶은 신축에 기쁨이!

1	水	木	金	土	日	月	火	水	木	金	土	日	月	火	水	木	金	土	日	月	火	水	木	金	土	日	月	火	水	木	金
JAN	1	2	3	4	5	6	7	8	9	10	11	12	13	14	15	16	17	18	19	20	21	22	23	24	25	26	27	28	29	30	31

家貧思良妻(가빈사양처) 편안할 때는 생각조차 안 하다가 어려움이 닥칠 때 아쉬워함.

2

Thursday (목) Week 1
(12.3 辛未) 2-363

-꼴불견의 정치현상-

1 January

생각과 마음 쓸데 없는 것은
할때가 있다
이놈은 정신이 잠깐 쉴 때 밖
으로 나간다

생각책을 한 장씩 넘겨 읽는다
생각책엔 많은 세상 들어있다

재미 있고 좋은 것만 골라 읽는다
희망 메시지엔 읽을거리가 많다
요란한 바깥세상 안 보고 살자

안 세상엔 즐거움 희망 행복있다
마음 꽉 잡고 오늘을 살고 싶다
너무 시끄러운 바깥세상이 싫다

새벽에 밖으로 나온다. 청계천 냇물을 바라본다. 얕은 곳, 징검다리에서 [illegible] 아빠들을 [illegible] 씻는다. 정치싸움을 하는 나라꼴이 한심이 갑자기 보인다. 대통령을 구속하라, 석방하라, 구속하지 말라, 다투고 싸우는 소리만 들린다.

저 냇물이 정치가인가, 세상 야단이다! 자꾸만 그렇게 보인다. "꼴불견의 정치현상"이 보고 싶잖다. 제발 빨리 조정하여 내리면 개운하겠다!

서관병원에서 아내와 약 처방 받으러 갔다.
아내는 치매 예방약, 나는 고지혈증 항어약 처방 받으러. 9시, 막내 아들 정아와 손자가 왔다. 부모에 대한 걱정 때문에.
고맙다. 고맙다. 아들 며느리가!~

1	水	木	金	土	日	月	火	水	木	金	土	日	月	火	水	木	金	土	日	月	火	水	木	金	土	日	月	火	水	木	金
JAN	1	2	3	4	5	6	7	8	9	10	11	12	13	14	15	16	17	18	19	20	21	22	23	24	25	26	27	28	29	30	31

A short saying oft contains much wisdom. 〈Sophocles〉

높은 곳에 올라간 청맹과니

나는,
옳은 생각을 하고 있나
남도 옳은 맘으로 사나
너와 내가 우리라는 걸 아나

너는,
높은 곳에서 살기에 우리를 몰라
금화에 올라가서 낮은 곳을 몰라
올라 가기 전에도 그랬는지 몰라

우리는,
아는 사람도 있고
모르는 사람도 있고
청맹과니도 함께 살지

높은 곳에 사는 사람 빨리
내려와서 곁에서 보면 잘 보이나
못 하겠는지 모르지만 그러라오

아침 운동을 보면서 높은 곳 살아
함정에 빠지질 않길 간절히
기도 한다

장남 아들인 장손이 초등학교
졸업식이라 서초동 장남 집으로
간다.
상장을 받겠고, 사진을 찍고
찬찬히 읽어본다.

상장: 제6학년 5반
김 진원,
위 학생은 독서, 토론, 논술 활
동에 꾸준히 참여하여 우수한
성과를 거두었으므로 이 상장을
주어 칭찬합니다.
2025년 1월 3일
서울원명 초등 학교장 이오준

× × ×

공부만 기계적으로 잘해서
높은 자리에 냉큼 올라가 비
난 받는 것보다 인간의 됨
됨이가 우선이라는 생각이 들어 너무 기쁘다. 독서는
인간의 됨됨이를 완숙시키는 지름이기에! ... 졸업생 모두의 공동
메모장 속에, 학우들 모두가 어려운 책을 다 읽는 칭찬의 메모
였다! 정에 넘쳐 본 아이라는 말이 너무 좋아 축복, 행복!
"높은 곳에 올라간 청맹과니"를 되새긴 시 부끄러운 나라꼴이 서글프다!^

2 FEB
土	日	月	火	水	木	金	土	日	月	火	水	木	金	土	日	月	火	水	木	金	土	日	月	火	水	木	金
1	2	3	4	5	6	7	8	9	10	11	12	13	14	15	16	17	18	19	20	21	22	23	24	25	26	27	28

간결한 격언 속에 흔히 많은 지혜가 깃들어 있다. 〈소포클레스〉

4

Saturday(토) Week 1
(12.5 癸酉) 4-361

— 생각 마음 정신 열중쉬어 차려!

1 January

하루에 그만 내지 오만 번의 생각
금방 왔다가 사라지고 나타나고
생각은 나뭇가지처럼 쭉쭉 뻗고
생각꽃 열매 맺기 전 떨어지고
완성된 생각열매는 얼마나 될까

꽃도 열매도 맺지 못하는 망상
금방 사라져버리는 잡생각들
생각과 마음 통제 못하는 정신
생각 마음 정신 조화를 이루어야지

매일 정신을 바짝 차리고 경비를
잘 관리하며 하루를 살아야지
깨인 정신은 청계천 냇물처럼

새벽에 명상산책을 나섰다.
오늘은 어떻게 살까.
생각을 한다. 마음이 생각을
정리하며 잡았다. 저만큼
멀리 걸었다. 생각은 또 다
른 곳으로 튀었다.
잡생각에 사로잡힌 뒤에야
정신이 관리를 시작 한다.

비사장한테서 전화가 왔다. 출장을 냉동시킨 것 가져 가라고.
아내가 이빨 드끈거린다고. 점심을 먹고 커피 마시며
인생 얘기, 시 얘기하며 삶을 반추한다.
시는 못쓰더라도 이해만 해도 인생이 성숙되고 좀 숙성 되겠
지. 커피 마시고 돌아오니 또 오후 시간이 많이 흘러갔다.
생각, 마음, 정신이 흩으러진 하루였나 보다!
"생각 마음 정신 열중쉬어 차려!" 다시 점검하며 오늘을 끝!~

08 09 10 11 12 13 14 15 16 17 18 19

1 JAN
水 木 金 土 日 月 火 水 木 金 土 日 月 火 水 木 金 土 日 月 火 水 木 金 土 日 月 火 水 木 金
1 2 3 4 5 6 7 8 9 10 11 12 13 14 15 16 17 18 19 20 21 22 23 24 25 26 27 28 29 30 31

脚踏實地(각답실지) 품행이 단정하고 태도가 성실함.

2025 — 콩나물들 희망 —

재래시장에 앉아 콩나물 파는 노파
모습이 떠오른다

광화문 광장 용산 대통령 관저 앞으
로 모이는 콩나물들
키 크기 경쟁 공기하고 모이는 콩나
물들

맹물만 먹고 자란 콩나물 '희롱
롱하는 모습
삶을 위로하고 모이는 콩나물들
꼭 지켜야만 하는 콩나물 축제는

콩나물 파는 할머니도 모른단다

분명 나은, 바른 옳음을
찾다. 바르고 올바른 외침
이어야 한다! · · ·
"콩나물들 희망"은 무엇인지
더 깊이 생각하며 행동했
으면 좋겠다! 허튼 외침이
되지 않기를 간절히 바라
면서!!! ~ ~ ~…

TV뉴스 화면에 광장에, 대통령
관저 앞에 모여 환호하는 군중
모습이 제기동 재래 시장 바닥에
서 콩나물 덩어리 놓고 파는
노파의 모습이 불현듯 떠오른
다. 웅성하게 뭉친 콩나물 다
발 같다. 맹물만 먹고 자란
삶이 정말 존경스러워서다.
재벌의 자식들, 권력 속에서
살아온 사람들은 없겠지!
맹물만 먹으며 힘들게 자
란 콩나물 같은 사람들은 존
경스럽다 정말정말!
대통령 구속하라는, 구속하
지 말라는 외침들!
양진영의 주장은 다르지만

Week 1 **Sunday** (일)
5–360 소한 (12.6 甲戌)

5

2	土	日	月	火	水	木	金	土	日	月	火	水	木	金	土	日	月	火	水	木	金	土	日	月	火	水	木	金
FEB	1	2	3	4	5	6	7	8	9	10	11	12	13	14	15	16	17	18	19	20	21	22	23	24	25	26	27	28

各自爲心(각자위심) 서로 다른 생각을 하거나 저마다 자기 방식으로 판단하고 처리함.

6 **Monday** (월) Week 2 (12.7 乙亥) 6-359 **1 January**

개님을 존경하는 개세상

당신은 왜 개를 몰고 다닙니까
개가 당신을 몰고 가네요
당신은 개를 몰고 다닌다고 생각합니까
개는 당신을 몰고 다닌다고 해요
개를 용변 보게 몰고 갑니까
당신은 개가 용변 보는데 따라 갑니다
당신이 당신을 조정한다고 생각합니까
아니죠 개가 하자는대로 하죠
당신 내면에 개가 몇 마리나 있습니까
개가 하자는대로 개 말을 잘 듣습니까
나이 든 부모보다 더 효도하는 당신이죠
개같은 짓 한다고 함부로 말하지 마세요
개같은 세상이 되어버렸습니다
개같은 세상 개답게 살아 봅시다

개같은 세상 개세상 개 삶을 살지 않으려고 안간힘을 쓴다. 매년 한 번씩 신화상담을 하는 날이다. 아주약품 주식회사의 김영희 교수님과 상담 신청한다. 심리학 박사님이라 앎을 존중하게! 새해의 삶에 좋은 영향을 미치기 위해 신청은 오후 세우고 상담에 응한다. 일을 마치고 나니 개운하다! 보람된 하루였다. 아내가 삼키에 힘들어 해서 유료 서울의원에 가서 영양 주사도 맞혔네다. 창 밖 정원에 개를 몰고 와서 용변 보여주고, 옷 입히고, 악하게 한 개에게 효도하는 중이다! 세상에 개같은 세상 보는 좋은 축복! 개님을 존경하는 개세상 현상이 절로 나온다!!

1 JAN	水	木	金	土	日	月	火	水	木	金	土	日	月	火	水	木	金	土	日	月	火	水	木	金	土	日	月	火	水	木	金
	1	2	3	4	5	6	7	8	9	10	11	12	13	14	15	16	17	18	19	20	21	22	23	24	25	26	27	28	29	30	31

미코노미 me(나)와 economy(경제)의 합성어. 나를 위한 소비에 돈을 아끼지 않는 소비 행태.

— 자아의 편견 제거 —

커다란 거울 앞에 선다
내가 우뚝 서 있다
오른손을 들면 왼손을 든다
왼쪽 깜빡이면 오른쪽 깜빡
실체를 왜곡시켜 보여준다

내면의 거울을 본다
크고 작고 적고 많은 것들 있다
진실 거짓 가상 실재가 섞여있다
많은 것들이 편견이 붙어 있다
집중해 보면 편견 흔적 사라진다

밖의 거울이 정확한가
내면의 거울이 정확한가

두 거울을 자주자주 봐야겠다
실제 가상 속서 진실을 찾아야한다
허상과 참 정확히 보기 위해서다

청계천 오늘도 유유히 흐른다
진실 실체를 보여주는 냇물이다

어스름이 사라지지 않은 새벽 명상 산책을 나선다. 거실에 커다란 거울 앞에 선다. 전신이 보인다. 거울은 진실을 잘 보여 준다는 비유적인 말을 많이 한다. 하지만 거울은 교묘하게 거짓말을 해댄다. 왼쪽손을 올리니 거울 속 나는 오른손을 올리고 있다. 왼쪽눈 오른쪽눈을 번갈아 깜빡이니 거짓으로 말한다! 내면의 거울은 상반된다. 거짓말은 한다. 편견! 오늘의 명상 산책 주제는 편견이다. 청계천 물은 내면서는 좋다! 집에 들어와 TV 뉴스를 본다. 탄핵정국이 시끄럽다. 반대 대통령 변호인단, 탄핵의 찬성 쪽 모두가 자신만 옳다는 주장들! "자아의 편견 제거" 말처럼 힘들다! 100% 옳음도 100% 틀림이 없다. 맞는 말이 어디 있을까? 흐린 날...

2 FEB 土 日 月 火 水 木 金 土 日 月 火 水 木 金 土 日 月 火 水 木 金 土 日 月 火 水 木 金
1 2 3 4 5 6 7 8 9 10 11 12 13 14 15 16 17 18 19 20 21 22 23 24 25 26 27 28

肝腦塗地(간뇌도지) 나라의 일에 목숨을 돌보지 않고 있는 힘을 다함.

8일(12월9일)

~~10~~ Friday(금) Week 2
(12.11 己卯) 10-355

-소소함의 가치-

1 January

내게 온 순간은 어떤 의미일까
긴 시간도 순간도 같은 게 아닐까
모든 순간이 나의 인생이 아닐까
1억에 1원 빼도 1억원이라 할까
세월 속에 순간을 뺄 수 있을까
작은 것 없으면 큰 것도 없겠지

아무리 작고 적더라도
순간순간 짧음이라도
말 한마디 작자의 미소라도
잘 활용하면서 살아야겠지

순간이 모여서 한평생이 된다
찰나 순간이라도 아끼며 살자

모여서 하나 된 냇물처럼 살자

이승훈 씨가 "힘찬북 출판사" 사장님 [illegible](오종은) 씨와 같이 왔다. 출판 계약서 쓰자고. 인간의 제세에 대한 책 저술. 과거에 출판했던 책 수정해서 출판하기 위해서다. 소소한 만남으로 시작해서 인생의 커다란 길을 갖는 원인이 된다. 삼인가 하백의 친구, 황숙봉의 인연으로부터 시작해서 출판해서 책을 출판한 번호, 인연의 줄이 아닌가. 징계천 냇물은 오늘도 만나고 있다. 시냇물이 흐름은 작디작은 것들을 품고서 만나는 것처럼 인생도 그런 게 아닌가 싶다. 계약서 쓰고서 소연카페에 가서 커피 한 잔씩 마시며 많은 이야기를 나눴다.
"소소함의 가치"로부터 시작한 인연의 힘이 강하게 느껴진다!

08 09 10 11 12 13 14 15 16 17 18 19

1 JAN	水	木	金	土	日	月	火	水	木	金	土	日	月	火	水	木	金	土	日	月	火	水	木	金	土	日	月	火	水	木	金
	1	2	3	4	5	6	7	8	9	10	11	12	13	14	15	16	17	18	19	20	21	22	23	24	25	26	27	28	29	30	31

You can never have a new thing without breaking an old. 〈D. H. Lawrence〉

—욕설로 오염된 세상—

나쁜 놈
더러운 놈
재수 없는 놈
싸가지 없는 놈
욕설 휘히닥대며 사나 간다

욕을 실컷하고 나면 후련할까
욕하다 처벌이도 참는 게 좋을까
욕 한번 안하며 참는게 약일까
욕해대는 사람이 무섭기도 하다

욕하게 만든 사람은 편안할까
욕을 하는 사람 하게 만든 사람
어느 쪽이 더 착한 사람일까

착한이 나쁜 사람 섞여사는 세상
어느 누구를 탓하랴

문사장과 차마시고, 시가은
최소, 점심은 샌드위치로.
사람을 만나면 입 조심!
발조심부터 시점을 본다.
날씨가 좋다.
매서운 바람이 없었음
좋은 하루 사나 간다.
사람들의 욕설이 난무한
세상이다.

정치가들, 자기 주장만 자기 편만 옳다는 주장!
언제쯤 시끄러운 세상이 잠잠해지려나!
탄핵된 대통령부터 사죄해야 될 텐데!
욕설로 오염된 세상 빨리 씻었으면 좋으련만! ~

2 FEB	土	日	月	火	水	木	金	土	日	月	火	水	木	金	土	日	月	火	水	木	金	土	日	月	火	水	木	金
	1	2	3	4	5	6	7	8	9	10	11	12	13	14	15	16	17	18	19	20	21	22	23	24	25	26	27	28

단순한 것이 오래 간다. 〈H. 패닉〉

8 木 1월 10일 (12월 11일) (음력)

Wednesday (수) Week 2 1 January

(12.9 丁丑) 8-357

인간이 사는 사회에는 옳은 것, 틀린 게 반드시 있다. 틀린 것, 잘못된 말이나 행위나 행동을 무심코 하는 경우가 많다. 정치가나 사회지도자나 공인들이 내뱉는 것과 개인이 뱉는 게 다르다. 개인이 뱉는 것 들어서 인정하고, 잘못은 고치고, 반성하면 쉽게 해결되고 다시 반복하지 않으면 좋은 방향으로 스스로 깨닫는 경우가 많다. 잘 인정하고 성찰하면 득으로 남는다!

아이구 못살아 못살아 못살아!

아이고!

뭘 못사겠!

저렇게 생각이 짧아!

너 몇 개만 사오지 10개나!

과일도 우선 먹을 것만 몇 개 사오지!

눈이 없어야 돼 당신은!

장에서 까먹을 귤, 까먹을 10개나 사와!

아이구 못살아 못살아!

화를 확확 내는 아내 앞에서 내가 뭐 잘못하고 상대적으로 화가 치민다. 참자 참자 하면서 관망하며 5개 남아서 중앙 유용하게 써서 나머지 계란 한 판을 사 온다. 참고 참으며 많은 반성을 하며 화를 삭힌다! ~ ~

JAN 1 2 3 4 5 6 7 8 9 10 11 12 13 14 15 16 17 18 19 20 21 22 23 24 25 26 27 28 29 30 31

It is simple things that last long. 〈H. Penick〉

~끝없는 정치싸움판~

정원수는 경계선 지키며 산다
나무들은 경계선 따라 살고 있다.
너와 나의 공간사 경계선 속에서
사물 삶은 경계선이 지켜준다

식물의 내면 세계의 경계선
땅 속엔 생각 마음 정신이 있다
뿌리를 어느 쪽으로 뻗을 지
막힘을 어떻게 해결할 지
꽃잎을 어떻게 피울지
뿌리란 정신이 경계 잘 조절한다

경계를 잘 지켜 자신과 남과 공존
정원수들 사계절 잘 지켜 공존
경계선 지키며 식물왕국이 삶을
인간은 왜 모르고 싸움만 해댈까

인간은 경계를 파괴해 싸움질만
서로 옳다고 다툼만 일삼는 인간
인간은 언제쯤이나 철이 들려나

새벽엔 정원에 겨울나무들을 본다. 공간에도 자기가 사는 경계선이 있다. 이웃집과 우리 집의 경계처럼 나무들도 경계선을 지키며 사는 것 같다. 사람의 경계선처럼 내면의 경계선과 외면의 경계선을 지니고 산다.
생각, 마음, 정신속에 경계선처럼 식물도 땅속에 뿌리가 경계선을 지키며 자기 영역을 지키며 산다.
TV를 보고 있자니 뉴스속엔 더 심한 내외의 싸움질뿐이다. 정치싸움, 당파싸움, 대통령 탄핵을 막으려는, 탄핵시키려는 세력 다툼! 서로의 경계선을 넘어 모든 싸움질! "끝없는 정치싸움판"이 되었다! ~

2 FEB 1 2 3 4 5 6 7 8 9 10 11 12 13 14 15 16 17 18 19 20 21 22 23 24 25 26 27 28

낡은 것을 깨지 않고서는 새로운 것을 가질 수 없다. 〈D. H. 로렌스〉

12

Sunday (일) Week 2
(12.13 辛巳) 12-353

-정치도 하나처럼 산다면-

1 January

귀는 둘이라고
잘 들으라고
눈은 둘이라고
명확히 보라고
코는 하나지만 구멍은 둘이라고
공기의 영양 공급 잘 하라고
입은 하나라고
먹고 말하는 것 과도하지 말라고

팔은 둘이라고
많은 일 하라고
발은 둘이라고
전신을 짊어지고 잘 나가라고

생각은 무한대로 하라고
세상 폭넓게 인식하라고
마음은 여러 개며 하나라고
좋은 것만 골라서 살라고

정신은 하나라고
심신을 잘 관리하라고

정체성을 잃지 않고 하나처럼
순 하나며 여러 개로 살아간다

이목구비, 팔다리 하나, 둘이 되는 것도 제다 이유도 타당성도 있는 법이다! 하지만 정치가들만 둘, 셋, 넷 많은 숫자의 타당성 모르는 것 같다! 모르는 거면 좋은데 알면서 이기적인 야욕 때문에 자기 욕심에 도취해서 나라를 망가뜨리는 짓거리를 하는 법이다! 인체에 하나 둘을 지니고 있는 참 뜻을 짓이겨대며 온 나라 안이 시끄럽기만 하다! 단합된 대통령은 한때에 미사약 거짓을 밥 먹듯 하고 꼼수 쓰고 한때 세력은 또 반기를 들고, 온 나라 안이 시끄럽다! 정말 "정치도 하나의 내몸처럼" 안될까!!!~~

1 JAN	木 2	金 3	土 4	日 5	月 6	火 7	水 8	木 9	金 10	土 11	日 12	月 13	火 14	水 15	木 16	金 17	土 18	日 19	月 20	火 21	水 22	木 23	金 24	土 25	日 26	月 27	火 28	水 29	木 30	金 31

間於齊楚(간어제초) 약자가 강자 틈에 끼어 괴로움을 받음.

— 행복의 추억을 오늘에 —

잔잔한 흰눈 조각들 사뿐사뿐 떨어진다
추억의 행복 부스러기가 내린다

추억 조각들 속에 기쁨들이 있다
행복했던 추억들이

작은 것들이었지만 소중했었다
삶의 어둠 쫓아낸 것들

이젠 아름다운 추억이 됐다
지금을 그때처럼 상상하자

즐거웠던 그때 지금에 섞여있다
현재의 행복으로 상상하자

즐거운 추억이 사뿐사뿐 걷는다
추억의 행복을 현실로 바꾸려고

아침 명상산책이 행복을 낳는다
흩어진 낱알처럼 쉼없이 챙기자
긍정사고로 오늘 행복 만들려고

하늘을 가린 구름에서 하얀 가루를 뿌린다. 집중하지 않으면 보이지 않을 작디작은 흰 가루들!
저게 뭐지!!??
자세히 보니 내게 오늘에 보내는 추억의 가루로 보인다! 지나간 추억들이다! 즐겁고 행복했던 추억들이다! 원이가 서울대 경제학과 합격, 4학년때 공인회계사 합격 소식, 졸업후 취직했다가 다시 사법고시하겠다며 퇴직하고 그런 동안 [illegible] 합격소식, 연수원서 만난 동기와 결혼, 자녀 둘 정이 한이네 합격, 소원한 일에 마치고, 박사 [illegible] 제인 씨원, 유비에 유치원 졸업 [illegible] 운영 하나가 그만 [illegible] 대학원 졸업생 박사 [illegible] 저 [illegible] 연세대학원 합격, 졸업하고, [illegible] 단 합격, 그때 장 [illegible] 취업~~ 모두 모두 행복했던 추억들이 [illegible] 속에 [illegible] 추억들 [illegible] 축제 굿! "행복의 추억을 오늘에" 삶이 하루가 축제했다!!! ~~

2 FEB 1 2 3 4 5 6 7 8 9 10 11 12 13 14 15 16 17 18 19 20 21 22 23 24 25 26 27 28

팝업스토어: 사람들이 붐비는 특정 장소에 짧은 기간 운영하는 오프라인 매장.

14

Tuesday(화) Week 3
(12.15 癸未) 14–351

—자연이 주는 정답—

1 January

지난 한 해 있었던 가장 큰 변화는 무엇인가요?

착하게 살아라
나쁜 짓 하면 꼭 벌 받는다
자연이 말하는 꼭 받는 법이다
어렸을 때 자주 듣던 엄마의 말
나쁜 사람이 판치는 세상이 됐다
죽은 엄마 말 세상 가슴을 울린다

과학 발전하여 편리한 세상인가
물질 만능의 시대 좋은 세상인가
이기주의 넘치는 늙은 세상인가
살기 좋은 살기 힘든 세상인가
이런 세상 누구에게 물어볼까

꾸준히 변함없이 흐르는 정해진
순리에 적응해 낙엽처럼 살란다

온 나라 안이 시끄럽다.
이기적인 자기 주장만 펴는
확증 편향증 때문이야!
자신이 옳다고 믿기 시작하면
상대는 보이지 않고 자신의 믿음만 확고하게 굳어지는 법
어쩌랴!
느닷없이 계엄령을 선포하고
나서 온 나라 안이 시끄럽다.
자기는 옳고 상대방은 틀렸다는 확증편향 때문에 선거도 계엄
합법적 판결은 지키지 않고, 진영싸움만 하는 홍위병의
행세가 일상이다. 계엄령 선포 이유는 종북세력이라고 야
당을 몰아 붙이고, 계엄군이 국회 문을 깨부수고 들어가서
국회의장, 야당 대표, 말 안 듣는 여당 대표 체포하라고
명령한 내용들이 확인이 밝혀지면서 사법적인 문제로 번지니
결국, 이것을 어찌 하는 게 하늘이 결정하리라. 자연이 주는 정답
(자연의 뜻대로 바르게 살자!!! ^ ^ ~

1 JAN	水 1	木 2	金 3	土 4	日 5	月 6	火 7	水 8	木 9	金 10	土 11	日 12	月 13	火 14	水 15	木 16	金 17	土 18	日 19	月 20	火 21	水 22	木 23	金 24	土 25	日 26	月 27	火 28	水 29	木 30	金 31

What nature vetoes, nobody can accomplish. 〈Gaius Cornelius Gallus〉

누군가가 곁에 있어서 든든하다
좋은 사람 많아서
힘들게 하는 사람도 있는 법이다
어떤 사람이 더 많을까
좋은 사람이 더 많다

당신이 타인께 좋은 사람 되어라
타인도 좋은 사람 된다

본래 좋은 사람 나쁜 사람 아니다
자신이 만든 것이다

당신이 좋은 사람 되기 노력하라
너도 나도 좋은 사람 될 게다

오늘도 좋은 사람 되려고 정신 바
짝 차려 명상산책 한다
청계천 냇물 한강처럼 따르려고

권력자인 대통령 곁에도 좋은 사람
곁에 있었더라면 구속되지는 않았
을 걸! 엄청난 권력을 쥐기 전에,
사람 내라도 곁에 좋은 사람과
자랐더라면 최고 통치자가
헌정 사상 처음도 대통령이 체포
되지는 않았을걸! 자라면서
인성이 곱게 자라면서 좋은 사람이
되었더라면 자신의 명예만 지키려
는 고집스런 사람은 되지 않았을
걸! 체포되어 가서도 자신의 잘
못을 깨닫지 못하고 자신의 변
명만 챙기겠지! 우리가 더 좋은
사람이 였더라면, 곁에 좋고 옳은 사람이 였더라면!
노무현 전 대통령, 노회찬 국회의원 자살하고 생의 마감을 스스로
했던 순간이 자꾸 떠오른다. 고대 같이 다닐 때 똑똑하던 그의
상경 회장이 떠오른다. 국회의원 때 많지 않은 봉급 받으며 선물 당신 자꾸
그리 ... 미안해서 자살을! 존경하였던 사람 정도 우리 나는 현재
대통령과 비교된다! "좋은 사람, 나쁜 사람" 생각하는 오늘의 삶이 자꾸 슬퍼진다!

2	土	日	月	火	水	木	金	土	日	月	火	水	木	金	土	日	月	火	水	木	金	土	日	月	火	水	木	金
FEB	1	2	3	4	5	6	7	8	9	10	11	12	13	14	15	16	17	18	19	20	21	22	23	24	25	26	27	28

누구도 자연이 거부하는 것을 이룰 수 없다. 〈가이우스 코르넬리우스 갈루스〉

16

Thursday (목) Week 3
(12.17 乙酉) 16-349

1 January

"사악한 인간동물세계"

1. 쭈르륵쭈르륵 떼지어 나난다
도망만 가니 참한 새일까
2. 쭈르륵쭈르륵 떼지어 다닌다
평화의 상징이라는데 모을까
3. 훌쩍훌쩍 지붕으로 올라 다닌다
작디작은 쥐를 먹으니 야옹일까
4. 좌판 얼굴로 악을 써댄다
애소 부리다 물어 뜯으니 왈왈일까
5. 사자의 얼굴로 대장 노릇 한다
작은 것을 먹으며 사니 [illegible]일까

난 어느 쪽에 속해 살고 있을까
3.4.5. 아닌 1번이면 좋겠다
남이 볼 땐 3.4.5번이라 할까
세상엔 야비한 동물 너무 많다

참새는 낱알 비비 낭을 찾는다
소상 나서면 소리를 내보란다
숨 쉬는 밥밖에 안 한다 외는도

탄핵된 대통령을 호위무사 짓 하는 장관들, 편드는 국회 여당의원들, 모두가 각 부서 장관급. 대통령이 임명한 장관들 거의 서울대 출신 외국서 석사, 박사 학위 받은 사람이 대부분이다. 하는 짓은 나라를 위한 사람이 아닌 저질적으로 누리는 족속들이 대부분이다. 사자나, 호랑이 등이 힘센 동물이다. 보이는 대로 다 잡아 먹어치운 상류층들. 야당 넘선 개는 하나면 사람도 물어 뜯는 족속들, 고양이는 조용하게 높은 지붕까지 오르내리며 힘없고 작디작은

쥐나 잡아먹는 고양이 같은 힘센 족속들이 나라를 흔들어 대는 꼴들이 밉살스럽다! 국회의장, 당 대표들 구속하려고 국회 계엄선 장군 깨고 날뛰는 영상을 연출해 놓고, 대통령 체포에 변명 늘어놓고 나라를 망치는 사악한 힘센 동물들이!

1 JAN	水	木	金	土	日	月	火	水	木	金	土	日	月	火	水	木	金	土	日	月	火	水	木	金	土	日	月	火	水	木	金
	1	2	3	4	5	6	7	8	9	10	11	12	13	14	15	16	17	18	19	20	21	22	23	24	25	26	27	28	29	30	31

Nature is no spendthrift, but takes the shortest way to her ends. 〈R. W. Emerson〉

"사악한 인간동물세계" 언제쯤 잠잠하려나! ~~

2025 — 존재의 까닭 —

Week 3 **Friday** (금)
17–348 (12.18 丙戌)

17

세상엔 경계선이 존재한다
사는 집과 남의 집
남의 땅과 나의 땅

부부 사이 자식 사이의 경계선
세상엔 많고 많은 게 존재한다
존재는 경계선으로 출현

내면 세계에도 경계선 있다
생각도 경계선을 침범해 나온다
마음도 경계선 때문에 갈등한다
정신도 경계선 못지켜 흔들린다
인간 관계에는 경계선으로 존재

존재를 알리려고 사는 걸까
살기 때문에 존재를 알리는 걸까

60년이 넘게 살아온 집이다. 옆집 사는 분은 이사 온 지 오래됐다. 지금 세를 놓아 장사하는 분은 3-4년쯤 됐다.
경계선은 등기부에 표시된 경계선이 기록돼 있다. 만나면 서로 인사나 하는 정도의 식당 사장은 경사장으로 경계선을 유지하며 지키는 현실. 서산에 사는 강쌤과 원앙네 물리치료와 관계 경계선을 넘나들며 지내고 있는 중이다.
해마다 서산 마늘이 좋다며 한 접자씩 보낸다. 옥상에 있던 걸 아내와 며칠 동안 까고 다듬었다. 갈아서 냉동시키고 해 먹으려고 믹서기로 갈았고, 옆집 경계선을 넘는 정을 나누려고 깐 마늘을 주고 믹서기를 빌려왔다. 닫힌 경계선을 넓히며 오랜 정을 소환한 하루가 즐겁다! 제주도 앞바다로 송창인 친구 (?) 지는 해마다 제주 고사리를 보내온다. 경계선을 오가며 사는 게 정말 솔직한 사람들을 같이 하는 날이다! "존재의 까닭"을 같이 해 봅니다 6,7 (?) 흐뭇합니다(?)

자연은 낭비없이 가장 짧은 길로 목적에 다다른다. 〈R. W. 에머슨〉

18

Saturday (토) Week 3
(12.19 丁亥) 18–347

1 January

-명절선물의 무게-

설이 다가오니 인사치레 보인다
참인사와 인사치레가 섞였다
설음식 ~~[illegible]~~
떡 곶감으로 참인사 표시

고맙지만 또 부담감 많은 선물들
선물을 받는 부담도 너무 컸다

안 보내고 안 받는게 편안하다
보내는 받는 사람 다 같은 부담
부담없이 살았으면 좋으련만

용호 시청 회장, 남대문 도동지구 회장께서 설선물을 보내 왔다. 설명절 떡, 상주 곶감을 보내왔다. 추석과 설은 그냥 쓰이지 않고 해마다. 그냥 고마움으로만 받아드릴 일이 아니다. 설, 추석 때마다 잊지 않는 선물들이 많다. 그냥 전화로 서로 주고 받는 인사가 좋은데 부담없이!

냉동실이 넣을 곳도 좁고, 사돈댁에 좀 보내려고 이것저것 가지고 올라가다가 중간서 만나 사부인께 드리고 오니 또 쑥으로 만든 떡 상자가 도착. 냉동실 부족도, 다 먹기도 힘들어서 또 가지고 올라간다.

사위에 청해선 돌아서 된기 뭣하게 하소, 건강 대서 잘해사 다녀오소.... 계속 나갔다 들어왔다가 하고 나니 기력이 소진돼 명절선물들의 부담과 함께 무게를 더한다 해도, 흐뭇하고 행복한 삶이라 느낀다! "명절선물"의 무게가 사뿐히 내려앉는 착각이 든다!! ... 참 잘 살아온 것 같아서~~...

1 JAN 1 2 3 4 5 6 7 8 9 10 11 12 13 14 15 16 17 18 19 20 21 22 23 24 25 26 27 28 29 30 31

孤軍奮鬪(고군분투) 도움을 받을 수 없는 사람이 혼자 힘으로 벅찬 일을 해나감.

비싼게 좋은 세상인가 보다 너무 비싼 안경을 산 것 같아.
윤이가 안경 예약해 놨다고 해서 유미가 차로 왔고 갔다.
몇배는 비싼 느낌이다.
비싼 점심도, 비싼 집에서 예약해 놨다.
자식은 부모에게 잘해 준다고 하지만 받는 부모는 편치
않고 늘 미안한 생각 뿐이다.
afternoon이란 안경점이다. 긴 시간이 훨씬 넘도록
시력 검사. 안내된 사장님은 대강대강 해서 걱정을 했는데
2시간 가까이 검사를 하며 꼼꼼하게 성심성의를 다해서
고객을 맞는 모습에 대만족하다!
전부 일을 마치고 윤이 집에 가서 고구마, 바나나, 사과
우유로 저녁을 때우고 돌아왔다.
아무리 생각해도 자식한테 너무 미안미안미안하기만
하다. 아들 딸 손주 자랑, 아파트도 사야지...
걱정만 더 하게 된다.
08 너무 고맙지만 말이다... ~ ~ ~
09
10
11
12
13
15
16
17
18
19

2 FEB	土	日	月	火	水	木	金	土	日	月	火	水	木	金	土	日	月	火	水	木	金	土	日	月	火	水	木	金
	1	2	3	4	5	6	7	8	9	10	11	12	13	14	15	16	17	18	19	20	21	22	23	24	25	26	27	28

孤掌難鳴(고장난명) 맞서는 사람이 없으면 싸움이 되지 않음.

20

Monday (월) Week 4
(12.21 己丑) 대한 20-345

-아이가 키우는 어른-

1 January

아이들은 토끼 강아지 곰 인형들
과 재미있게 놉니다
어른들은 담배 술 도박들과 즐
겁게 놉니다
아가들은 인형들을 사랑하며 좋
아합니다
어른들은 즐기는 것들 죽이면서
좋아합니다

아이들은 어른을 보며 배웁니다
어른은 아이를 보며 안배웁니다

어느 쪽이 옳은지
누가 더 현명한지

현상 찾으려고 명상관찰 합니다
청계천 냇물에게 물어 봅니다
아이는 냇물소리를 따르며 흐른
다고 말한다
어른은 거슬리고 부딪치며 역행
도 한다고 말한다

잘잘못과 좌우를 따질 필요 없다
현상 그대로 보이는 게 현상이다
순수한 아이들처럼

진보, 보수, 꼴통 보수, 꼴통진…
끼리 싸움만 하는 소리!
방송 뉴스마다 싸움질로 연일 시
끄럽다!
대통령이 구속된 헌정 사상 처음이
다. 근거 없는 계엄선포로 국회의
장, 여당 야당 대표들 구속하려고
계엄 선포해서 탄핵되어서, 체포
영장을 법원서 허락 받아서 또
구속 영장을 법원에서 판사 구속
판결. 차은경 법관이 허락했
단했다고 판사실로 난동 부리
며 점령하는 초유의 사태!
유리창을 깨부수고 난입한 대
통령의 지지자들. 정말 세계가
지켜보는 현실. 서로 옳다는 주
장만! 차라리 어린애들 보다
못한 어른들이 부끄러움! 꼴불
견 정치 [illegible] 싸움질하는 사람 [illegible]
정신 차려! [illegible] 욕심으로 일하고 있다. 아이가 키우는 어른인가 보다!

1 JAN	水	木	金	土	日	月	火	水	木	金	土	日	月	火	水	木	金	土	日	月	火	水	木	金	土	日	月	火	水	木	金
	1	2	3	4	5	6	7	8	9	10	11	12	13	14	15	16	17	18	19	20	21	22	23	24	25	26	27	28	29	30	31

폴리코노미 politics(정치)와 economy(경제)의 합성어. 경제가 정치에 휘둘리는 현상.

-거짓을 반성하는 사람-

백목련은 추겨울인데 하얀 꽃봉오리를 맺었다

가지를 자르려다가 곧 하얀 꽃이 필 것 같아 멈췄다

거짓말 하면서 한겨울을 무사히 보내는 백목련이다

미안해서 제일 먼저 봄을 알리며 활짝 웃는다

거짓말하고 남을 속인 것 미안한 줄 아는 백목련 이쁘다

텔레비전의 좋은 뉴스는 윤석열 대통령 헌법 재판소에 출석해서 거짓말만 해댄다. 거짓거짓거짓말만 쏟아내는 윤. 장관, 군인 총수…등이 구속되고, 국회의장, 여당 대표, 야당대표…등을 구속하라는 쪽지가 있어 구속된 것인데. 거짓의 본질을 보여준다. 정말 듣기 싫은 말씀이다. 뻔하다. 그런 말씀~~~!~!

하얗게 봄이 되는 백목련의 사기를 순치하는 모습!

자연의 순리, 거슬리지 않는 자연의 존재는 인간을 가르친다. 해서, 존재하는 자연에 거짓을 반성하는 사람이 되라고 내게 말하는 하얀 봉우리 맺은 백목련!!!~~~

08 09 10 11 12 13 14 15 16 17 18 19

2 FEB	土	日	月	火	水	木	金	土	日	月	火	水	木	金	土	日	月	火	水	木	金	土	日	月	火	水	木	金
	1	2	3	4	5	6	7	8	9	10	11	12	13	14	15	16	17	18	19	20	21	22	23	24	25	26	27	28

膠柱鼓瑟(교주고슬) 고지식하여 조금도 융통성이 없음.

22

Wednesday (수) Week 4
(12.23 辛卯) 22-343

-올바른 인생은-

1 January

안경으로 눈 가린 사람 지나간다
가릴수 더 잘 보이기에 가린다
내가 듣는 말 다 안경이면 좋겠다

내눈 가린 안경이 나를 깨운다
착종 편향성 깨트리는 안경이다
정치가들 안경은 한쪽서 싸움가
국회의원 쓰다 안경 씌우고 산다

세상만사가 돋보기면 좋으련만

신문, 방송 뉴스를 보니까 싸움질하는 정치가 뉴스다.
네 말은 틀렸어! 내 말이 옳아! 옳다, 그르다, 다 같이
논쟁하는 세상사!
하지만 바라하고, 들어야할 것들!
오는 소나기 맞듯 맞아야지!
창밖에 백목련 나무는 겨울인데도 하얀 색깔의 꽃봉우리를
맺고 있다. 금방 피어날 듯하며 겨울을 보내면서 새봄
일찍 피어난다. 겨울에 핀 것처럼 잊마산 겨울을 이겨내고
봄에 서는 속에 진리가 숨어 있는 듯! "올바른 인생도"
일 거야 하는 고통이야!!?

1	水	木	金	土	日	月	火	水	木	金	土	日	月	火	水	木	金	土	日	月	火	水	木	金	土	日	月	火	水	木	金
JAN	1	2	3	4	5	6	7	8	9	10	11	12	13	14	15	16	17	18	19	20	21	22	23	24	25	26	27	28	29	30	31

Better starve free than be a fat slave. 〈Aesop〉

-탄핵정국에 어지러운 나라꼴-

꿈꾸고 있네!
꿈깨라 꿈깨!
꿈같은 소리하고 있네!
꿈꾸고 자빠졌네!
꿈만 꾸면 뭐해!
평생 꿈만 꾸고 말래!
꿈인지 생시인지 분별 못하네!
에라이 썩을 놈의 인간아!
잠이 덜 깬 놈아!

꿈이 아니고 노망인가!
아니면 치매인가!
미친 놈인가!

어쩌다가 이꼴이 됐을까!
잠에서 깨던가 꿈에서 깨라!
제정신 아닌 혼돈의 세상이네!

서로 옳다고 하니 어지럽다!

"탄핵정국에 어지러운 나라꼴" 어서 속히 사라졌으면 좋겠다! ~ ~

여기저기서 들려오는 소리는!
뉴스를 보나, 지나가는 사람들의
한탄 소리나 욕이나 이런 소리
뿐이다! 서로 옳다고만 떠들
고, 어쩌다가 나라꼴이 이렇
게 되었을까!
반성이나 화합의 사과하나
먼지라도 보인다면 좋으련만!
국민은, 서민들은, 모래 한알
같이 숨 죽이며 사는 존재
들은 어쩌라고!
TV 뉴스를 보나, 신문을
보나, 지나가는 사람들의 말
을 들어보나, 모두 분통이 터
지는 거리다!
이번에 출간한 책을 보여주
고, 시를 강의해 주는 시간만
흐뭇하고 행복했다!

2 FEB	土	日	月	火	水	木	金	土	日	月	火	水	木	金	土	日	月	火	水	木	金	土	日	月	火	水	木	金
	1	2	3	4	5	6	7	8	9	10	11	12	13	14	15	16	17	18	19	20	21	22	23	24	25	26	27	28

살찐 노예보다 자유롭게 굶는 게 낫다. 〈이솝〉

- 공상산책 -

24

Friday (금) Week 4
(12.25 癸巳) 24-341

1 January

산책을 나선다
명상산책으로 바꾼다
이것 저것 주어 담는다
하나씩 주어 담는다
돌맹이를 주어 담는다
돌맹이에 물을 붓는다
물먹이 될 때까지 젖어간다
탑을 쌓아 본다
상자를 만들어 소지품을 넣는다

어느덧 복잡지 아닌 복잡지 오작
많은 걸 생각
재미 있게 많이 만들고

필요없는 것 죄다 털어버린다
필요한 게 하나도 없다
08 죄다 필요 없는 것뿐이다
09
10 이렇게 그렇게 하루를 시작한다
11 재미있는 시작이 오늘을 만든다
12
13 정치싸움에서 살아는 현실이다
거짓으로 [illegible]

신문이나 TV뉴스나 듣고 봐
도 싸움질만 나는 현실이다.
정치하는 싸움질로 온 나라
안이 시끄럽다. 불신의 세상!
자기만 옳고 상대는 절대 나
쁘다는 세상을 만들어 간
다. 통치자의 일차적인 책
임을 전가할 수 없어!
산책을 나서며 오늘은 또 어
떤 하루를 살까!
공상, 상념, 꿈이 날아 위
안을 삼는다!
14 빨리 빨리 해결 책을 풀어
15 나가는 혜안은!
16 어쩔수 없는 난제에 와
17 있으니! "공상산책"으로
18
19 잠시 위안을 삼는다! ^-^

1 JAN	水	木	金	土	日	月	火	水	木	金	土	日	月	火	水	木	金	土	日	月	火	水	木	金	土	日	月	火	水	木	金
		2	3	4	5	6	7	8	9	10	11	12	13	14	15	16	17	18	19	20	21	22	23	24	25	26	27	28	29	30	31

Brevity is the soul of wit. 〈Shakespeare〉

모든 종이 펜 뿐이 하얀으로 보인다
내 마음 아픔도 또 보인다
만나서 는 새로운 흔적을 남긴다

새벽에 일어나 운동하고
108배를 빠짐없이 하고
하루를 바쁘게 살아가고
하지만 흔적은 남지 않는다
종이 펜이 사진을 찍으면 남는다

말은 간단하지만 흔적이 사라진다
종이 펜이 있는 게 천만다행이다
디지털시대에 종이 펜은 역행한다

서로 자기만 옳다고 정치싸움질
방관자는 잊어버리고 산다
흔적조차도 남기지 말자 절대로

일기를 쓴 게 60년이 넘었다.
하루도 빠뜨리지 않고 사진을
찍듯 남아온 흔적을 보인다.
종이와 펜의 역할이 컸지만
이젠, 디지털시대라서 종이와
펜이 아니라도 스마트폰
컴퓨터 등이 종이 펜 역할을
톡톡하게 한다.
일생의 삶을, 매일의 삶을
빠짐없 흔적을 남길 수도
있는 세상에 산다, 편리한
세상에 살고 있다!
자기만 옳다, 너는 틀렸다만 주장하는 정치현실이 서
글프다! 제발 시끄러운 세상이 하루 빨리 정리됐으면
싶다! 뉴스를 보다가 다른 곳으로 돌려 버린다.
"삶의 그림자"는 어떻게 남을까. 정치적인 현실의 흔적이!!!

2	土	日	月	火	水	木	金	土	日	月	火	水	木	金	土	日	月	火	水	木	金	土	日	月	火	水	木	金
FEB	1	2	3	4	5	6	7	8	9	10	11	12	13	14	15	16	17	18	19	20	21	22	23	24	25	26	27	28

-자신만 옳다는 인간의 본성-

26 Sunday (일) Week 4
(12.27 乙未) 26-339

1 January

정원의 느티나무 20여년 쯤
됐는데 엄청 자랐다
겉이 저렇게 자랐는데 속은
얼마나 컸을까
보이지 않는 내면 뿌리도 자랐겠지

나의 겉은 세월이 훼손시키고 있다
나이 들면서 내면은 훼손되며
자라기도 한다

뿌리와 몸통은 한몸
서로 주고 받으며 성장
조화롭게 살아가는 나무

인간 나무는 다툼질만
좌와 우는 한몸인데도
서로 잘났다고 다툼질만
둘다 망가뜨리는 꼴이다

08 거꾸 자라는 뿌리와 가지다
09 보면서도 못 보는 못난 인간이다
10 언제쯤 눈뜨고 좌우 화합할까
11

새벽 3시경 거실에 나와서
새벽 운동 끝내고, 정원을 바
라 보니 부쩍 커버린 느티나무
가 보인다.
20여년 전에 주택을 짓고 살고
정원을 만들었다. 많이 자란
나무 가지는 몸통. 그동안 점점
줄어드는 나의 몸뚱이.
나무 뿌리처럼 나의 내면 세계는
조금씩 성장시키려 애쓴다!
외부는 훼손되면서 자라는 내
면 세계다!
TV 뉴스를 보다가 다른 채널
로 확 돌려버린다. 정치가들
14 좌우의 싸움박질이 보기 싫다.
15
16 대통령의 탄핵, 여당 야당의 쌈
17 박질. 정말 꼴불견이다!

12 좌우의 진영 다툼! 너편 내편 18 너무 심하다!
13 19
언제쯤 깨어날까 인간의 사욕심! 정당하면 화해의 바람이
자랑! "자신만 옳다는 인간의 본성" 이겠지...! ~~~

JAN 水 1 木 2 金 3 土 4 日 5 月 6 火 7 水 8 木 9 金 10 土 11 日 12 月 13 火 14 水 15 木 16 金 17 土 18 日 19 月 20 火 21 水 22 木 23 金 24 土 25 日 26 月 27 火 28 水 29 木 30 金 31

舊官名官(구관명관) 무슨 일이든 경험이 많거나 익숙한 사람이 더 잘 함.

-지조-

이럴까
저럴까
그럴까
날씨의 화난 얼굴 때문이다
폭설 내린다고 기상청 분주한다

어두컴컴한 새벽날씨 우산을 챙겨 나간다
오늘의 주제는 조심 신중이다
얼음날씨 발자국 조심 신중한다

그러는 말는 변함없이 사는 산다
여일하게 흐르는 냇물이 말한다

여일하게 흐르는 청계천 냇물에게 자존을 깨닫고 돌아왔다.
날마다 비슷한 점심 메뉴였다.
안마의자에 앉아서 TV를 시청. 뱃속 이상하다. 아프지도 않으면서 우리하고, 쓰리운 것 같고, 제대로 표현하기 힘든 이상 징후가 감돈다.
전신이 오싹오싹하며 식은땀이 흐르며 전신이 추워진다.

경련이 심해진다. 온전신이 울렁대고 토할것 같다. 구토를 한다. 양내에 토한 뒤 식사 후 먹은 견과류 부스러기 가루와 국물만. 변기에 앉아 보지만 설사는 나오지 않는다. 응급실로 갈까 말까 하며 참아 본다. 심한 경련이 뱃속을 흔들어댄다. 변기에 앉아 있으니 오한과 떨림이 전신을 흔들며 힘을 빼버린다. 춥고, 오한이 할퀴 전신이 오싹오싹. 시간이 한참 흐른 뒤 안정이 된다.
저녁 식사도 못하고 잠자리에 든다. "지조"를 지키며 오늘을 살자고 다짐한 새해의 무색하게 설날 연휴에 곤욕 당하고 만 하루였다! ~ ~

2 FEB 土 1 日 2 月 3 火 4 水 5 木 6 金 7 土 8 日 9 月 10 火 11 水 12 木 13 金 14 土 15 日 16 月 17 火 18 水 19 木 20 金 21 土 22 日 23 月 24 火 25 水 26 木 27 金 28

ESL 진열대에서 가격과 바코드 등 상품정보를 실시간으로 표시해 주는 전자가격표시기.

-정돈 안된 생각 조각들-

28

Tuesday (화) Week 5
(12.29 丁酉) 28-337

1 January

갖고 싶은 것
하고 싶은 것

해야할 것
하지 말아야할 것

성취감으로 충족
희망 만으로도 충족

하루 종일 들락거리는 것들이다

저녁 식사를 안하고 잠자리에 들어서 밤새도록 잠을 많이 잤다. 자고 나니 뱃속도 편안하다. 새벽 4시 반쯤 거실로 나와서 몸풀기 운동, 108배를 끝내고 다시 침대로 향한다.

신기하게도 잠을 자고 나면 배고픔이 도망가 버린다. 동물이 겨울잠 자면서 여러날 굶어도 생생하게 사는 게 이런 원리인가 싶다.
가족 11명이 다 모였다. 하루 종일 들락거리는 "정돈 안된 생각 조각들"로 살아온 오늘이었다!
아픈 날 며느리들 손주들 보며 이리저리 왔다 갔다 잡생각들로 하루를 산 것 같다.

다행인 것은 깨끗이 아픔이 도망가 버린 게 기쁘다!
성취감으로 충족, 희망만으로 충족이란 아픔이 도망가 버린 게 충족이구나! 건강이 제일 소중함을 다시 깨달은 음력 마지막 날의 결심! 고맙다! 감사 감사!~

1 JAN	水	木	金	土	日	月	火	水	木	金	土	日	月	火	水	木	金	土	日	月	火	水	木	金	土	日	月	火	水	木	金
	1	2	3	4	5	6	7	8	9	10	11	12	13	14	15	16	17	18	19	20	21	22	23	24	25	26	27	28	29	30	31

You are immensely clever if you are able to hide your cleverness. ⟨La Rochefoucauld⟩

2025 새해 나이 —

빠른 것에 굴복하며 살아간다
먹으면 줄어들기는커녕 더 쌓여간다
먹기 싫지만 어느새 먹혀 버린다
먹이고 도망가도 붙잡을 수 없다

밥그릇 밥처럼 점점 줄어들면 좋으련만
되레 늘어나는 걸 어쩔 수 없다
먹는 만큼 불어나는 모순에서 벗어나
지 못하는 인생사

조금씩 천천히 먹으려고 애쓴다
잘 먹는 걸 깨달을 땐 늦다.

음력 설이 되면 나이 한 살 더 먹는 게 실감이 난다. 아들 딸 손주들 다 모이면 11명의 가족이다. 혼자서 적적한 신으로 서울 방에 앉았는데 11명이란 가족의 숫자가 늘었지. 가족의 숫자만 늘어난 게 아니다. 어깨를 무겁게 하는 나이! 한 살을 더 먹으면 밥그릇의 밥처럼 줄어들면 좋으련만 점점 많아지다니! 음력 나이, 한국 나이로 85살이라니! 먹은 만큼 줄어들면 더 좋으련만!
장농 속에 이불을 꺼내다 끄집어내서 쓰레기 봉지에 담아 버린다! 버려도 버려도 계속 버릴 게 나온다. 무섭게 쌓여지고 나는 나이도 쑥쑥 빼내 버리면 좋으련만!!! ~ ~ 아들, 딸, 며느리들이 설날 너무 고생이 많다! 하는 일이 사실된 하루였다! "새해 나이"는 어김없이 많아졌는데! ~~

2	土	日	月	火	水	木	金	土	日	月	火	水	木	金	土	日	月	火	水	木	金	土	日	月	火	水	木	金
FEB	1	2	3	4	5	6	7	8	9	10	11	12	13	14	15	16	17	18	19	20	21	22	23	24	25	26	27	28

영리함을 감출 수 있는 사람이야말로 참으로 영리한 사람. 〈라 로슈푸코〉

–정신집중!

30

Thursday (목) Week 5
(1.2 己亥) 30-335

1 January

이리 저리 난잡한 전깃줄
경계선이 애매한 허공
전깃줄이 설정한 공간
경계선 명확한 방
정해진 방 주인

내 마음 속은 애매한 경계선
명확한 경계선 그어 보지만
유지하기 힘든 내면 경계선

생각 마음은 변덕쟁이라서
마음 다잡고 일렬로 서야 하지

난잡한 전깃줄 제 할 일 잘하니만, 나도

공중엔 난잡하게 전기줄이 걸려 있다. 비둘기 까치는 앉는 장소로 사용하는 주인 없는.
방은 경계선을 그어서 확실한 주인이 정해져 있다.
내 마음 속엔 경계선을 넘나드는 비경계선이다.
생각과 마음은 경계선을 지키지 못한다. 경계선을 명확히 지키지 못하고, 이랬다 저랬다 그랬다 하는 내면 세계의 변화를 조절하려고 산책하며 집중한다.
'정신집중!'을 하며 명상산책을 하며 내면 세계를 집중한다!

08
09
10
11
12
13

14
15
16
17
18
19

1 JAN	水	木	金	土	日	月	火	水	木	金	土	日	月	火	水	木	金	土	日	月	火	水	木	金	土	日	月	火	水	木	金
	1	2	3	4	5	6	7	8	9	10	11	12	13	14	15	16	17	18	19	20	21	22	23	24	25	26	27	28	29	30	31

Patriotism is the last refuge of a scoundrel. ⟨S. Johnson⟩

오늘의 작업실

가장 자신 있게 만들 수 있는 요리는 무엇인가요?

오늘에 휩쓸려 사는 게 아니라 내가 오늘을 빚어 가는 것

공책의 공간에 만들어
내가 오늘에 적응할까.

생각으로 단단히 빚어
오늘을 나에게 맞출까.

고심하며 하루를 시작한다.

공짜로 주어진 이 시간을
정성껏 빚어 보자.
오늘도 일기장에
잘 전시할 수 있도록.

[illegible] 주방이 일층에 들은 적은 [illegible] 밥해 봤다. 하지만 웃지 않고 소박하다. 신의 선물도 가져다줬다.

오늘도 공짜로 선물 받은 하루를 어떻게 사용할까.
새벽에 일어나 거실에 나와 운동하고 매일하는 108배를 했다.
108배는 불교 신도라 하는 것보다 운동도 되고, 좋인, 정신 회화 방지 등 여러가지 이로움이 된다.
아침 명상이 끝나고서 오늘은 또 어떻게 보낼까! 무료한 공중한 오늘을 더 보람되게 보내야겠다! 청계천 냇물이 흐르는 소리가 하루를 사는 나의 시간을 관조, 사색하라는 소리로 들린다!
하얀 눈길이 시간을, 하루를 쪼개서 보낸다! 쪼개진 시간 하루를 헛되게 보내지 말라는 소리로 들린다! ...
TV를 보면서 가족 사진 속 아들 딸 며느리 손주들 모습을 보며 행복감을 느낀다! "오늘의 작업실" 하루를 보낸다!

2	土	日	月	火	水	木	金	土	日	月	火	水	木	金	土	日	月	火	水	木	金	土	日	月	火	水	木	金
FEB	1	2	3	4	5	6	7	8	9	10	11	12	13	14	15	16	17	18	19	20	21	22	23	24	25	26	27	28

애국주의는 악당의 마지막 피난처이다. 〈S. 존슨〉

2025년 2월

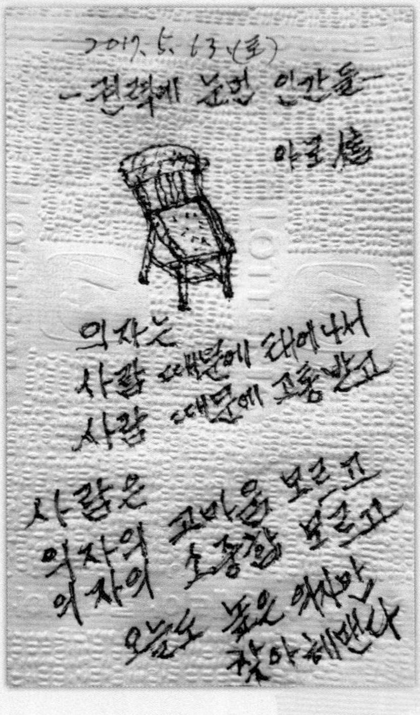
2017. 5. 13 (토)
—권력에 눈먼 인간들—
의자는
사람 때문에 태어나서
사람 때문에 고통받고
사람은
의자의 고마움 모르고
의자의 소중함 모르고
오늘도 높은 의자만
찾아 헤맨다

국회의원들 구름장수~

맑은 하늘엔 흰 구름이 떠돈다
잠시 후면 모양이 바뀐다
보는 이마다 다른 형상을 그린다

화가는 그림을
음악가는 선율을
하늘 그림은 보는 자의 몫

여의도의 사람들
자기 그림만 옳다 떠든다
그들의 그림엔 진실이 없다

사람들은 쯧쯧 혀만 찬다
허황된 하늘만 올려다 본다,
귀를 꼭꼭 막고서

하늘엔 하얀 뭉게구름이 태양을
가렸다간 금방 도망간다.
물고기, 토끼, 말, 새가 되기
도 하는 뭉게 구름들이다.
있다가 없어졌다가, 보는 사
람 시각 따라 변하는 모습을
보면 실체가 있는 같고 없는
것이 하늘의 구름인가 보다!
마치, 여의도 국회의사당 있는
동네 사람들 같다.
해서 "국회의원들은 구름장수"
인가 싶은 생각든다!
실체를 변화시켜 보고, 아닌
것을 틀린 것을 옳다고 우겨
댄다! TV를 켜고 보면 서
로 옳다고 우겨대는 게 싫어
채널을 확 돌려버린다! ^ ~

08
09
10
11
12
13

14
15
16
17
18
19

2 FEB	土	日	月	火	水	木	金	土	日	月	火	水	木	金	土	日	月	火	水	木	金	土	日	月	火	水	木	金
	1	2	3	4	5	6	7	8	9	10	11	12	13	14	15	16	17	18	19	20	21	22	23	24	25	26	27	28

狗飯橡實(구반상실) 따돌림을 당하거나 외톨이가 되는 것을 비유.

-청명과 나들이 망친 봄비-

햇볕은 세상을 밝히려 애쓰고
구름은 그 위를 덮어 더럽힌다
바람이 구름을 몰아 내면
비가 모여 햇볕을 가린다

구름은 바람을 원망하고
바람은 비를 미워하며
햇볕은 자신이 구름을 만드는
줄 모른 채
비는 햇볕을 질투한다

너와 내가 우리가 되는 길 있고
성난 폭풍이 세상을 어지럽힌다
폭우는 모든 질서를 흩으러뜨리고
세상은 혼돈 속에 잠긴다

너와 나, 우리는 갈망만 한다
언제쯤 맑고 고운 날이 올까
태양 같은 통치자는
과연 언제쯤이나 올까

새벽 시간이 하루 중에 제일 빠른 것 같다.
어두컴컴한 새벽에 산책을 나섰다. 오늘의 날씨부터 스마트폰으로 검색해 보았지.
새벽엔 구름이 끼었다가 해가 솟아 오를 때쯤엔 맑은 햇볕이 쨍쨍. 바람이 쌩쌩 부니 꽤 춥다. 맑은 날씨, 구름이 끼다가, 비가 오다가, 바람이 불다가, 눈이 내리다가 하는 게 인생사 같다! 맑은 날만 인생은 아니겠지! 마치 지금의 정치 현실 같은 게 인생사 같다!
네가 틀려, 내가 옳아, 난세 정국의 어지러운 세상이다!
대통령이 구속된 현실이 국제적인 망신! "청명에 나들이 망친 봄비"는 언제쯤 해결이 될런가! ^

2	土	日	月	火	水	木	金	土	日	月	火	水	木	金	土	日	月	火	水	木	金	土	日	月	火	水	木	金
FEB	1	2	3	4	5	6	7	8	9	10	11	12	13	14	15	16	17	18	19	20	21	22	23	24	25	26	27	28

窮通各有命(궁통각유명) 해야 할 일을 다 하고 다음은 조용히 결과를 기다려야 함.

2025

Week 6 **Monday** (월)
34–331 입춘 (1.6 癸卯)

3

→자기란 존재의 증명—

나는 나를 잘 안다고 하지만
남이 나를 무엇이라 부를까

너는 너를 증명하려 하지만
그 증거가 너의 전부일까

지문이, 홍채가, 유전자가
너의 이름을 대신해도
너의 마음의 결은 닮지 못하고

성격이, 생각이,
너를 설명한다 해도
그것이 너의 전부라 할 수 있을까

우리에게 붙은 상표를
떼어낸다면
우리는 과연 무엇이 될까

가장 어려운 것은
인간이라는 그 존재가
완벽한 정의가 되지 못한다는 것

타인이 보는 나,
내가 보는 나는 같은 줄
알지만 다르다!
해서, 관상이나, 인상이나,
같은 모습은 다르면서 보기,
제대로 파악하기가 어렵다!
어쩌면 자기를 명확히 보는
사람이 성공하는 사람이 아
닐까!
엄마의 갈비뼈 사이가 쿡쿡
쑤셔대도 곁에 있는 아내는
그 속내를 모른다!
말로해도 다 아픔이신
체는 제대로 모른다!
"자기란 존재의 증명" 정말
어려운 것이다! ~ ~

3 MAR	土	日	月	火	水	木	金	土	日	月	火	水	木	金	土	日	月	火	水	木	金	土	日	月	火	水	木	金	土	日	月
	1	2	3	4	5	6	7	8	9	10	11	12	13	14	15	16	17	18	19	20	21	22	23	24	25	26	27	28	29	30	31

맥거핀 영화에서 중요한 것처럼 등장하지만 실제로는 줄거리에 영향을 미치지 않는 극적 장치.

-선악의 그림자-
부정이 없다면
긍정은 어디에서 태어날까

아픔을 모른다면
건강은 어떤 빛을 가질까

악이 없다면
선은 무엇을 비추어야 할까

어둠이 내리면
빛은 몸을 이르키고

낮은 밤을 품어
다시 새벽을 빚어낸다

반대는 서로를 밀어내면서도
하나로 이어지는 그림자

좋음과 나쁨은 결국
삶은 동전속에 있다

대통령 탄핵으로 인해 온
나라 안이 시끄럽다.
보수는 보수대로 진보는 진보
대로 자기 주장만 하면서
더 더 더 시끄럽다!
꼴통 진보, 꼴통 보수는 무렵
에 넘쳤다.
일인 방송 유튜버들은 과격
한 자기 주장으로 보수에는
마력으로 돈을 벌며 갈라치기
에 몰두한다! 진실과 실
체를 왜곡하며 자기 주장에
복무하는 현실!

"선악의 그림자" 속에 괴물이 살아간다!
제발제발 진실과 사실을 보는 눈이 뜨면 좋겠다, 우리
모두가!

2 FEB	土	日	月	火	水	木	金	土	日	月	火	水	木	金	土	日	月	火	水	木	金	土	日	月	火	水	木	金
	1	2	3	4	5	6	7	8	9	10	11	12	13	14	15	16	17	18	19	20	21	22	23	24	25	26	27	28

A dram of discretion is worth a pound of wisdom. 〈German〉

- 대통령 탄핵의 찬성과 반대

눈을 쓰기 싫고도 한쪽만 본다
귀를 쓰기 싫고도 한쪽만 듣는다
입은 하나인데 여러말을 쏟는다

이랬다가 저랬다가
그랬다가 돌아섰다가
한길로 앞을 향해도
마음은 어디로 가는지

이런 몸뚱이로 살아가는 우리
마주 보아도 어긋나고
같이 들어도 다르게 듣고
한마디로 수 갈래 길을 낸다

그러니 싸우지 않을 수 있겠는가
몸도 마음도 한쪽씩만 쓰면서

제기동 한약상가에 들어서니 정말 많은 한약재들이 많이 쌓인 가게들 즐비하다. 저렇게 많은 한약재들이 잘 조화를 이루어서 사람의 몸을 건강하게 만들어 준다.
20여가지 넘게 섞어서 탕재원에 맡긴다. 신기하게 조화를 잘 이루어서 좋은 약이 된다.
울산 정원옥 한테 한약 지어 보내고 돌아온다. 수십년 한약을 지어서 효능이 좋다고 꼭 부탁을 한다.
참 신기한 조화가 한약재!
각자의 모양도 성분도 제 각각이지만 조화의 힘이 대단하다. 인간은 제 잘난 맛 우기도 자랑하느라 니편, 내편 갈라치기로 세상을 살아가는 어리석은 모양새다! 현직 대통령이 구속되고, 헌법 재판소의 의견을 기다리는데 너무나 도 넘은 갈라치기! 정말 TV 뉴스를 보기가 역겹다! "대통령 탄핵의 찬성과 반대" 내용에 시끄럽다! 인간의 본심이라 아쉽다. 살다가 또 올바른 판결이 지켜본다, 너무 도 넘은 혼란 속의 세상에!!!~~

3 MAR 1 2 3 4 5 6 7 8 9 10 11 12 13 14 15 16 17 18 19 20 21 22 23 24 25 26 27 28 29 30 31

약간의 신중함은 1파운드의 지혜만큼 가치가 있다 《독일 속담》

-한 점 속의 세계-

한 송이 꽃잎이
온 세상을 품고 있다

숲속을 걷다가 잠시 멈춰 선다
꽃잎 속에서
구름이 흘러가고
바람이 숨을 쉰다

가로수의 푸른 잎사귀에
강물이 흐르고
새벽의 이슬이 스민다

자동이 차창 너머로
햇볕이 넘실대고
물방울이 ~~춤춘다~~ 출렁인다

너는 나를 품고
나는 너를 닮아
우리는 하나로 흘러가고 있다

왜 우리는
세상을 가두려 하는가

고단한 걸음을 끝에서
욕망을 비울 수 있다면
티끌 속에서도
우리는 자유로울까

〈一微塵中 十方世界〉
일미진중 시방세계라고 한다.
아침 산책하며 많은 사물과
마주친다. 건물 속에 많은 소재
가 숨었지. 벽돌 속엔 비바람, 이
슬, 구름……, 가로수는 흙, 비,
구름……, 자동차는 쇠, 숨, 전기……,
오가는 사람 속에 내가 있고 내
안에 네가 있고, 우리가 되고…!
하지만 서로 옳다고 다투기
만 하는 인간들! 언제쯤 그
리 인간의 다툼이 없어질까.
작은 먼지 속에 우주가 숨어 있는데! "한점 속의 세계"인 셈이
[illegible]

2	土	日	月	火	水	木	金	土	日	月	火	水	木	金	土	日	月	火	水	木	金	土	日	月	火	水	木	金
FEB	1	2	3	4	5	6	7	8	9	10	11	12	13	14	15	16	17	18	19	20	21	22	23	24	25	26	27	28

Beauty is truth, truth is beauty. 〈John Keats〉

\- 바쁜 인생살이 -

출근길에 신호등은 의미없다
시간은 나를 기다리지 않으니까
사무실로 날라는 직장인들 많다
발끝에 쫓기는 숨소리가 들린다

노인은 신호를 기다리지 않는다
저승사자가 먼저 데려갈까 봐
그마저도 늦을까 봐
급히 길을 건넌다

나도 새벽길을 걷는다
사무실에 가서 해야 할 일 많다
우선 순위를 정리한다
먼지 낀 생각을 털어낸다
마음의 얼룩을 닦아낸다
정신 제자리 서 있는 지 확인한다

하루 시작은 출근부터 바쁘다
나는 무엇을 향해 뛰는 걸까
신호등을 무시한 채 살려본다

종점을 모른 채 인생길 달리고 있다

이른 아침부터 출근하는 사람들은 바쁘다. 뛰는 사람, 승용차로 버스로 바쁘게 제마다 바쁘게 살고 있다.

출근한다, 나도!
내 사무실엔 할 일이 많다.
제 일 순위는 오늘의 일엔 생각이다! 생각에 먼지를 털어내고, 마음에 묻은 때를 닦는다! 정신 내면 세계를 잘 감시하는지! 관찰하고 관찰한다!
시를 가르친다! 시를 가르치는 건 시를 배우는 것이다!
시속에는 많은 인생이 존재한다!
오늘의 시 주제는 과학적인 사고다! 과학은 합리적인 사고다!
합리적인 사고 속에 너+나=우리!
출발할 때 기분 행복!

3 MAR																														
1	2	3	4	5	6	7	8	9	10	11	12	13	14	15	16	17	18	19	20	21	22	23	24	25	26	27	28	29	30	31

아름다움은 진리요, 진리는 아름다움이다. 〈존 키츠〉

"바쁜 인생살이" 종만하 주었다!!! ~ ~

— 한 번뿐인 길 —

길을 걸을 때 무엇을 볼까
앞뒤, 좌우,
그 모든 풍경을 볼까

하늘만 바라보는 이도,
먼 미래를 좇는 이도,
과거에만 머무는 이도 있다.

아무것도 보지 않는 너,
무의식 속을 걷는 나,
희망 없이 사는 우리,
모두 같은 길 위를 걷고 있다.

한 번뿐인 길을 걷는다, 우리는.
어떻게 걸을까.
신중히, 더 신중히 걸어야지.

무슨 신을 신고 나갈까.
미끄럽지 않은 신발 챙긴다,
오늘 하루만의 길이다!
인생길은 두 번 다시 걸을 수
없는 단 한 번뿐인 인생길!
신중, 조심하게 걸어야 하는
인생길이다!
미끄러지고 넘어지는 인생을
살 수만은 없으니 말이다!
길바닥에 눈이 녹고, 얼고, 자
칫하면 넘어지는 겨울 눈길!
인생길엔 얼음도 눈도 깔
려 위험하다, 해서 인생길을
가르치는 겨울눈이 있다!

명상 산책을 무사히 다녀오는 오늘 하루가 인생살이
길이구나! "한 번뿐인 길"을 걷는, 인생을 관조하고
사색하며 신중히 걷는다! 겨울눈이 참 삶으로 피움이다

2	土	日	月	火	水	木	金	土	日	月	火	水	木	金	土	日	月	火	水	木	金	土	日	月	火	水	木	金
FEB	1	2	3	4	5	6	7	8	9	10	11	12	13	14	15	16	17	18	19	20	21	22	23	24	25	26	27	28

權謀術數(권모술수) 목적 달성을 위해 수단과 방법을 가리지 않는 모략이나 술책.

-현답-

말은 많았으나
대답은 없었다

누군가는 정답을 쥐고 있었고
누군가는 명답을 늘어놓았지만
길은 여전히 혼란 속에 있었다

그때,
그는 오래 침묵하다가
한 걸음 앞으로 나섰다

그가 내놓은 답은
옳지도, 빛나지도 않았지만
모두를 앞으로 나아가게 했다

어떤 말은 답이 되고
어떤 말은 길이 된다

때로는 가장 조용한 말이
가장 멀리까지 닿는다

장남 원이가 엄마 아빠 안경을 맞춰 준다고, 유비 차로 서초동 afternoon 안경점으로 간다. 너무 비싸서 부담감만 자꾸 는다.

아내, 유비, 원, 넷이서 차를 타고 다시 간다.
커피 이야기, 커피를 옛날엔 아무리 마셔도 잠 안 오는 때가 있었다. 요즘 안사람이 커피 속 카페인이 잠을 쫓는다는 "체면"에 카페인 커피 마시면 잠 못 자는 세상이다, 하는 말을 했더니 원이가 그 소리 100번은 더 들었다고 역설, 꼰대라는 말! "현답"을 많이 생각. 오늘, 정답, 현답 속에서 깊이 생각한다!
오늘 9시 정이네 식구들이 왔다. 시끌벅적, 좋아진다.

3 MAR	土	日	月	火	水	木	金	土	日	月	火	水	木	金	土	日	月	火	水	木	金	土	日	月	火	水	木	金	土	日	月
	1	2	3	4	5	6	7	8	9	10	11	12	13	14	15	16	17	18	19	20	21	22	23	24	25	26	27	28	29	30	31

權不十年(권불십년) 아무리 높은 권세라도 오래가지 못함.

10

Monday (월) Week 7
(1.13 庚戌) 41–324

2 February

- 바른 귀 -

말은 입에서 나오지만
진실은 듣는 이의 눈에서 갈라진다.

눈으로 듣고 귀로 확인한다
세상은 수개의 소리를 낸다

바른 귀를 가진다는 건
소리 없는 말까지 듣는 일

시끄러운 소리에 [illegible]
자신부터 함몰시키고 만다.

오늘 여전히 시끄러운 바람이
분다. 보수의 바람, 진보의 바람
이 곳곳에서 불어댄다!
대통령 탄핵을 두고서 지지자들이
서로 뭉쳐서 바람을 이르킨다!
정말 스끄럽다. 상대는 다 틀렸다.
나만 옳다는 논쟁을 이르킨다!
한 번 옳다고 생각하면 변하지 않고 옳다는, 변치 않는
신념이 장막을 둘러쓰게도 한다.
"확증편향성"의 솔직한 인간의 취약점이 아닐까!...
TV 뉴스를 보다가 채널을 다른 곳으로 돌려버리곤 한다.
08 옳은 것, 바른 것은 반드시 있는 14 법이다, 인간이 잘못 볼 뿐
09 이다! 15
10 "바른 귀"를 곧추 세운다! 16 귀와 눈, 생각, 마음, 정신을
11 17
12 함께 모아야 제대로 볼 수 있는 18 법이다!
13 19

2	土	日	月	火	水	木	金	土	日	月	火	水	木	金	土	日	月	火	水	木	金	土	日	月	火	水	木	金
FEB	1	2	3	4	5	6	7	8	9	10	11	12	13	14	15	16	17	18	19	20	21	22	23	24	25	26	27	28

클리셰 문학이나 예술 작품에서 흔히 쓰이는 진부하고 틀에 박힌 소재나 이야기의 흐름.

–착한 하루를 살려고…

바람이 보인다

슬쩍 스쳐가려다
무언가에 걸려 넘어질 듯
비틀거린다

바람은 그럴 때만 보인다

바람은 부는 게 아니라
방해물이 있을 때 분다고 한다

살을 긋듯
얄미운 듯 매섭고

온화한 봄바람
등을 쓸어주듯 스쳐가고

08 여름바람
09 싱싱한 공기를 뿜어내고 숲을
10 키운다
11
12 하지만 바람은 혼자 있을 때
13 보이지 않는다

온화하고
시원하고
착한 바람이고 싶다

오늘 하루,
나는 어떤 바람으로 불었을까

시끄럽다 시끄럽다. 마이크 소리도
너무 크다. 서로서로 자기만 옳
다는 변하지 않는 자기말만
주장하는 현실, 정말 시끄럽다!

조카와 공항 가서 점심 먹고 오는 사
이다. 헌법재판소에 윤석열 대
통령이 나와서 변론하는 날.
대통령 지지자들은 겨울 찬바람,
폭풍을 몰아부치는 악한 바람.
마음의 서늘한 훈풍이 폭풍으로
14 변해버린 현실이 아닌가!
15 지친 바람을 피해서 집에 와서
16 TV를 켠다. TV에도 서로 옳다
17 는 싸움이 붙어있다! 휴우!, 그만!
18
19 "착한 하루를 살려고" 마음은 늘 먹지만 시끄럽다!

3 MAR	土	日	月	火	水	木	金	土	日	月	火	水	木	金	土	日	月	火	水	木	金	土	日	月	火	水	木	金	土	日	月
	1	2	3	4	5	6	7	8	9	10	11	12	13	14	15	16	17	18	19	20	21	22	23	24	25	26	27	28	29	30	31

勸上搖木(권상요목) 남을 부추겨놓고는 일을 방해함.

12

Wednesday (수) Week 7
(1.15 壬子) 정월대보름 43-322

2 February

아침에 일어나서 가장 먼저 하는 일은 무엇인가요?

-좀비의 나라-

좀비가 온 나라를 뒤덮는다
전염은 번개처럼 번진다
자신이 좀비인 줄도 모른 채
서로를 물어뜯으며 군중이 된다

이념의 썩은 살 냄새가
진동하는데
아무도 그게 썩은 줄 모른다

언제 감염될지 모른다
아니, 어쩌면 이미—

새벽 활원을 마치고 산책을 나선다. 출근하는 사람들이 바쁘게 걷는다. 연일 나오는 탄핵 반대 찬성하는 군중이, 출근하여 현장에서 생활하기 바쁜 사람도 많은데! 극단적인 사람들이 마치 좀비처럼 상대를 물어 뜯으려는 것처럼!

정말 이해가 가다가다가도 고개를 절레절레 젓는다. 헌법재판에서 탄핵을 찬성하는, 기각하는, 법대로 결론 날텐데, 군중이 떼를 지어 자기주장만 외치는 사회상이 좀비처럼 느껴진다. 자꾸 연상된다.

청계천 냇물처럼 순리대로 흐르면 좋으련만!

집에 돌아와 신문 읽으며 마음을 달랜다!

뉴스채널을 보며 서로의 다툼질 뉴스, 보기 싫다. 하얀 눈이 소록소록 내리는 것처럼 즐거움이 내리면 좋겠다! "좀비의 나라"가 된 것처럼 불안불안! ~ ~

2 FEB	土	日	月	火	水	木	金	土	日	月	火	水	木	金	土	日	月	火	水	木	金	土	日	月	火	水	木	金
	1	2	3	4	5	6	7	8	9	10	11	12	13	14	15	16	17	18	19	20	21	22	23	24	25	26	27	28

Distrust is a stage to confidence. 〈H. Melville〉

—말—

오늘은 얼마나 많은 말을 했을까
혼자 살아서 입을 열지 않았다

하지만 나는 소리 없는 말들을 쌓았다
신문과 말을 나누고
텔레비전과 대화를 했다
산책하며 길과 속삭였고
청계천 냇물과 눈을 마주쳤다
하얀 옷 두루미의 말을 들었고
길바닥에서 식사하는 비둘기의 말을
엿들었다

지나가는 사람들과 묵언의 대화를
나누고
귀 기울이며 쌓인 말들을 풀었다

텔레비전 속에서는
너와 나의 말싸움이 한창이다
찬성과 반대가 부딪히고
귀를 너렁히는 소리가 번진다

조용히 지켜보는 이들의 침묵은
왜, 언제나 이유없이 묵살되는 걸까

침묵 산책하며 나는 나와 대화를 한다. 오가는 사람 스치며 대화를 나눈다. 청계천 산책길에도 스치며 걷는다. 하얀 백두루미는 내게 묵언 대화를 가르친다!
여유하게 흐르는 냇물은 내게 소리와 대화를 가르친다!
묵언의 침묵을 갑자기 깨뜨리는 생리작용이 깨운다. 설사가 느닷없이 닥친다. 위기를 잘 넘기고 나니 생리작용의 깨우침의 말이 고맙다. 위기나 난데없이 닥치는 것은 내게 가르침의 말인가 보다! 텔레비전 속에선 보수, 진보의 말싸움, 탄핵의 찬성 반대파의 말싸움! 조용히 법리에 맡기면 좋으련만 서로의 싸움질만, 정말 꼴불견의 말싸움이다! 오늘은 말이 삶의 주제였다! ~ ~

3 MAR	土	日	月	火	水	木	金	土	日	月	火	水	木	金	土	日	月	火	水	木	金	土	日	月	火	水	木	金	土	日	月
	1	2	3	4	5	6	7	8	9	10	11	12	13	14	15	16	17	18	19	20	21	22	23	24	25	26	27	28	29	30	31

불신은 믿음으로 가는 하나의 단계다. 〈H. 멜빌〉

14

Friday (금) Week 7
(1.17 甲寅) 45-320

2 February

—상상이 낳은 실상—

새벽, 몸은 침대에 누웠으나
눈은 먼곳을 바라 본다
보이지 않는 것들이 선명해지고
느낌은 현실을 수놓는다

실상과 상상은 한몸이다
하루는 그 두 겹으로 짜여있다
지친 삶에 숨을 불어 넣는 상상,
상상으로 고난의 실상을 견딘다

눈을 뜨면 상상이 실상을 밀어올리고
발을 내디디면 실상이 상상을 부른다
그렇게 하루는
상상과 실상의 사이에서 빛난다

새벽에 잠이 깨면 상상을 한다.
긍정적인 상상으로 좋은 것만 볼려고 노력한다. 의식적으로 좋은 것을 모은다.
오늘도 즐겁게 행복하게 보내자!
사물을 보면서, 세상사를 보면서 좋은 것과 친하게 살아 보자!
마음과 생각들은 그러기 쉽지만 주위엔 너무 많은 오염이 방출돼서 살 쉽잖다. 더욱이 정치인들 싸움이 그렇다.

헌법재판소의 탄핵 심판을 또 넘겨 흔들어 내는 오염물이 넘쳤다! 보수와 진보로 편을 가르지 말고 법리의 판단을 기다리지 못하고 이중적인 시끄러운 싸움이 서글프다! 진정 옳은 것이 이겨야 하는데 인간은 자기 주장만 내세우고 흔들어대니 주객이 전도되는 느낌이다! "상상이 낳은 실상"이란 질서가 파괴되는 느낌이다! 뉴스를 보기가 싫다! 진실, 실체가 사랑한 세상이 아닌가 싶다!! ~ ~

2 FEB	土	日	月	火	水	木	金	土	日	月	火	水	木	金	土	日	月	火	水	木	金	土	日	月	火	水	木	金
	1	2	3	4	5	6	7	8	9	10	11	12	13	14	15	16	17	18	19	20	21	22	23	24	25	26	27	28

One repents of having spoken too much. 〈P. Commynes〉

—바른 인생—

값을 되돌려 받기 위한 말,
부탁을 하는 말.

대가를 받기 위한 인삿말,
대가 없이 본성인 인삿말.

이익을 돌려받기 위한 친절,
습관으로 하는 친절.

어느 것이 내 인생에 도움이 될까.
곰곰 되새기며 삶을 좇는다, 매일.

마음의 무게를 달아,
가벼운 말과 무거운 말,
어느 쪽이 더 오래 남을까.

오늘도 나는 나에게 묻는다.
인생이란 따르는 것인가,
만들어 가는 것인가를.

친절하다. 웃으며 말한다.
고객을 끌어 모으는 힘이다.
자석을 느끼게 한다!
안경 가게 사장님의 익숙한 말,
고객을 끌어들이고, 마음을 사는
말투 웃음을 유심히 관찰한
다! 어제의 맞춘 안경이
한 쪽이 이상하게 정상이 아
닌 비정상이었다. 심장이 갔
다. 아마 다른 사람과 바뀐
것인가 착각했다. 그랬다!
다음에 다시 오란다.
친절하던 모습이 일시에 쪼그
러지는 느낌! 일부러가 아닌 순간의 실수라서 탓하지 않고
마음을 넓히기로 한다! 사람이란 실수를 하기 마련!
장님이 너무 고맙다. 찻길이 막히는데도 서초역 자가 교대역서
도 자가용으로 나서 왔는데. 너무 고맙다 비싼 안경을
맞춰줬네! 바른 인생과 "장사의 인생" 같이 생각했다!

3 MAR 日 1 月 2 火 3 水 4 木 5 金 6 土 7 日 8 月 9 火 10 水 11 木 12 金 13 土 14 日 15 月 16 火 17 水 18 木 19 金 20 土 21 日 22 月 23 火 24 水 25 木 26 金 27 土 28 日 29 月 30 31

너무 말해서 후회하는 경우는 많다. 〈P. 코민〉

16

Sunday (일) Week 7
(1.19 丙辰) 47–318

-포장의 기술-

2 February

매주 일요,
나는 내 머리를 벗겨낸다
면도날이 지나간 자리마다
생각들이 줄 맞춰 서고,
송송히 깎인 두피 위로
한껏 가벼워진 내가 웃는다.

빈자리를 채우듯 모자를 얹는다.
여름엔 태양을 가리고,
겨울엔 바람을 막고,
봄가을엔 변덕스러운 계절을
다독이며
포장의 기술을 익힌다.

모자, 옷, 신발, 장갑,
가죽 위에 또 다른 가죽을 덧대며,
우리는 속살을 안에서 우쭐댄다.

태어날 때부터 입을 옷이 있었다면,
벗을 수도, 감출 수도, 없는 그
것을,
우리는 또 다른 포장이라 불렀을까.

친절과 칭찬을 잘하는 친구를
만난다. 같이 스키장에 와서 놀고
대학을 같이 나온 동창생이다.
바닥에서 힘들게 걸어와서 농협금융
지점장까지 승진한 사람.
존경이 느껴지는 사람이다.

머리를 매주 깎으며 속에 있는
잡초를 깎아내는 심정으로 매주
삭발하는 나와 비교를 해본다.
잡초도 살아가는데 필요하다는
생각을 한다.
사람을 엮어서 좋은 관계를 만드
는 사람에겐 잡초 같은 것도
사용할 가치가 있는 법이란
느낌이 든다!
"포장의 기술" 속엔 여러가지
가 담겨 있는 듯하다! --- ~

2	土	日	月	火	水	木	金	土	日	月	火	水	木	金	土	日	月	火	水	木	金	土	日	月	火	水	木	金
FEB	1	2	3	4	5	6	7	8	9	10	11	12	13	14	15	16	17	18	19	20	21	22	23	24	25	26	27	28

厥鑒惟不遠(궐감유불원) 본받을 만한 본보기는 가까운 데서 찾으라는 말.

—만족한 하루의 삶은—

뭔가 찜찜한 느낌이,
낙차의 물결이 아슬아슬한 순간이다.
2,3초 전에 경고가 왔건만,
무심코 넘기면 예측했던 몫을 놓고 만다.

길을 나서다 아차,
빠뜨리고 나온 걸 깨닫는다.
인생길,
한 수련이라.

챙겨야 할 것, 잊으면
목적마저 흐트러지고 만다.

해야 할 것,
안 해도 되는 것,
하지 않으면 실패하는 것,
많고도 많은 인생길이다.

오늘은 놓치지 않으리.
잘 챙겨,
만족한 하루를 살아야겠다.

부지런 서울의 새벽 산책을 나선
다. 집을 나서려는데 순간적으
로 찜찜한 기운이 뇌 속을 훑는다.
오랜 체험으로, 반드시 뭔가 빠트
린 게 있을 게다! 좀처럼 생각이
나지 않는다. 얼마쯤 걷다가
아차! 빠트린 게 생각난다.
청계천 산책길 포장 길에서
잠 앉아 쉬면서 꺼내 읽을 종
이를 잊고 나온 게다.
인간의 뇌는 순간적인 사고는
2,3초 전에 신호를 느끼나 보네!
커피 잔을 놓고 옷깃에 걸릴 것
같은 느낌이 바로 적중한 어제
의 일이 떠오른다! 이 촉례이
선을 느끼는 동물이다, 인간은!
"만족한 하루의 삶을" 잘 적응하기
위해 매일 명상산책을 하는데 말이
다!!

오마카세 메뉴판이 따로 없이 그날의 음식을 주방장이 알아서 만들어 내놓는 일본식 코스 요리.

— 반품 불가 —

18 Tuesday (화) Week 8
(1.21 戊午) 우수 49-316

2 February

진열대 위에서 빛나던 것들
손에 쥐는 순간 균열이 생긴다

광을 낸 말들,
영원을 보증하겠다는 약속,
환불 보장 없는 서약서 위에
서명하는 손끝이 떨린다

한낮의 눈과 한밤의 눈이 달라
낮엔 빛나던 것이 밤엔 흐려지고
새것 같은 마음도 세월 앞에서
바래 간다

그러나 바람에 흔들리는 것들은
단지 부실해서가 아니라
어떤 방향으로는
가야할 길이 있기 때문이다

애초에 반품이 없는 인생이라면
기억하라,
무엇을 품고 살아갈지를.

동대문 광장시장에 들렀다. 점포의 진열장에 정말 많은 종류의 상품들, 제각 필요한 상품들만 찾지. 많은 상품, 많은 간이 사는 세상, 상품을 사는 것처럼 인간의 연분 고리가 생각난다. 맞선을 보는 상품 마음을 끄는 상품이 나오 있다. 물건을 잘못 사용하거나 잘못 선택해서 이혼해서 원수처럼 지내는 건 처음 선택의 잘못이겠지! 진열대에 물건을 고르는 사람들의 표정을 살핀다! 인간의 눈은 낮과 밤이 다르듯, 부정확! 점포 주인과 한참을 대화하다가 돌아오며 인생의 깊이, 삶의 깊은 곳을 바라보며 돌아온다! "반품 불가"란 인생이지만 상품은 쉽게 반품되지만 어디 인간 삶이 반품이 되겠는가! 이혼과 원수처럼 헤어지는 인간사도! 하지만 "반품 불가"의 인생인걸! 어쩌랴! 단 한 번의 삶을! ... ~ ~

2 FEB 土 日 月 火 水 木 金 土 日 月 火 水 木 金 土 日 月 火 水 木 金 土 日 月 火 水 木 金
1 2 3 4 5 6 7 8 9 10 11 12 13 14 15 16 17 18 19 20 21 22 23 24 25 26 27 28

The heart of a fool is in his mouth, but the mouth of the wise man is in his heart. 〈B. Franklin〉

2025 – 고도를 기다리는 사람 –

Week 8 **Wednesday** (수)
50–315 (1.22 己未)

19

고도를 기다리는 사람이 있다
누군가를 기다리는 사람이 있다
기다리는 그가 실재하는지 아무도 모른다

그런데도 그는 사람들의 생각을
행동을 같이 통제하고 지배한다

부지런히 살면 행복할 것이라 했다
부자가 되면 행복할 것이라 했다
그러나 결국, 죄다 고도를 기다리는 일.

바라는 것은 오고 있다
바라고 기다려도 오지 않는다
그러다 해가 지고 밤이 된다

모든 걸 잊고 잠 속에 빠진다
다시 아침이 오면 새 세상이 열린다

고도란 그런 것이다
그렇게 살아가는 세상사다.

빨리 끝났으면 좋겠다. 탄핵이든 기각이든 헌법 재판소의 판결이!
극단적인 지지자들 양쪽에서 여론전을 하면서 말도 안되는 헛소리, 헛주장을 하면서 세상을 어지럽힌다.
중도적인 입장에서 지켜보며 법리적인 판단을 기다리지만, 참 삶을 씨소리에 맡는다.
말도 안되는 행동에서 헛하나 소리 때문에 머리가 지끈지끈!
어서 빨리 결론 못 내리는 건 여론전으로 법리에 맞지 않는 족쇄를 내릴까다!
사무엘 베켓의 "고도를 기다리며"가 자꾸 생각이 떠 오른다.

자꾸 생각 난다. 시를 강의하면서
하루 속히 결론을 못 내고 진영 싸움만 하는 꼴! 기다리는 고도
처럼 오지 않으려나!!!~~

3 MAR	土	日	月	火	水	木	金	土	日	月	火	水	木	金	土	日	月	火	水	木	金	土	日	月	火	水	木	金	土	日	月
	1	2	3	4	5	6	7	8	9	10	11	12	13	14	15	16	17	18	19	20	21	22	23	24	25	26	27	28	29	30	31

바보의 마음은 입 밖에 있지만, 현자의 입은 마음속에 있다. 〈B. 프랭클린〉

— 산책의 후유증 —

20

Thursday (목) Week 8
(1.23 庚申) 51–314

2 February

우리집 옆 옆 옆,
빈집 하나 서 있다.
한옥, 오래된 무사처럼
고궁 낯을 지키고 있다.

수백 년을 견뎌온 돌담이
경비를 서듯 서 있고,
너덜너덜한 작은 창은
노쇠하듯 소음을 내민다.
한 줄 낙서,
소음 내밀어 봐도,
오가는 구경꾼은 한산함을
모르고 지나간다.

사람이 버린 집일까,
집이 사람을 버린 걸까,
왼쪽을 보면 왼쪽만,
오른쪽만 보면 오른쪽을,
나누기만 할 뿐,
해결은 없다.
수백 년 잠자던 돌담이
뒤척이며 깨어난다.
잠결에 깨어난 세상은
요란스럽다.

화살같은 눈빛들,
서로 참아내지 못해 안달인 사람들.

새벽에 산책 나가면 매일 만나는 낡은 한옥. 낡을 대로 낡아 버린 한옥. 집을 버리고 간 건가, 집이 사람을 버린 걸까! 한옥이 스멀스멀 자기 삶을 살아가길인데, 불쌍한 노숙자가 돼 버린 낡은 한옥! 노숙자 신세가 돼 버린 낡은 주택을 누가 관심을 갖겠는가!

자기만 보고, 자기만 옳고, 나누기만 하는 인간세상!

뉴스를 보기 싫은데 그래도 궁금해서 보다! 나쁜 짓이 언제 끝나려나!

"산책 후유증"이 언제쯤 끝날까! 내일 베트남 여행 준비하느라 어수선하다. 장남의 식구들과 같이 가고 원이가 준비해서…

2	土	日	月	火	水	木	金	土	日	月	火	水	木	金	土	日	月	火	水	木	金	土	日	月	火	水	木	金
FEB	1	2	3	4	5	6	7	8	9	10	11	12	13	14	15	16	17	18	19	20	21	22	23	24	25	26	27	28

Information's pretty thin stuff, unless mixed with experience. 〈Clarence Day〉

2025 — 외국 여행 —

Week 8 **Friday** (금)
52–313 (1.24 辛酉)

21

인생은 늘 새로운 길이지만,
"여행이란 상황과 사고를 더 넓게
한다.

내가 공항에서 비행기를 기다리는가
비행기가 나를 기다리는가
출국과 입국 사이,
허락을 받느라 분주하다.
삶은 늘 서류 한 장 차이로 변하는가
보다.

지금까지 걸어온 길,
느리게,
때로 빠르게,
여생은 어떤 속도로 걸어야 할까.

기다리다 지쳐 버린 공항의 의자 속에서
나는 내 인생의 속도를 고민한다.
바쁘게 살아야 할까,
천천히 살아야 할까.

낯선 공항이 침묵의 언어로 말한다.
"너의 길을 잘 걸어라"

아침에 유비가 인천 공항까지 실어
다줬다. 공항서 이리저리 왔다 갔다
기다리며 비행기 출발 시간에 시달
린다. 비행기가 날 기다리는가, 내가
비행기를 기다리는가!
수속이 지연된 건 아닌지.
베트남, 난생 처음 와 본 곳.
건물은 허름하지만, 길에 오토바
이가 엄청 많다.
사람보다 많아.
브릴리언트 호텔에 입주.
점심, 저녁을 맛있게 먹고 즐거
운 여행. 비행기 좌석도 비즈니
스석을 예약해서 편안히 누워서.
중식도 고급으로.
너무 비싸게 여행하는 게 아닐
며느리한테 너무 미안하다.

3 MAR	土	日	月	火	水	木	金	土	日	月	火	水	木	金	土	日	月	火	水	木	金	土	日	月	火	水	木	金	土	日	月
	1	2	3	4	5	6	7	8	9	10	11	12	13	14	15	16	17	18	19	20	21	22	23	24	25	26	27	28	29	30	31

경험이 수반되지 않은 지식은 천박할 뿐이다. 〈클래런스 데이〉

— 베트남의 둘째날 —

22

Saturday (토) Week 8
(1.25 壬戌) 53-312

2 February

낯선 공기가 폐를 스치자
나는 이방인이 되었다

오토바이 물결이 뒤섞인 거리
가로수는 먼지를 머금고
환검 호수에
오래된 시간이 떠다닌다

모르는 말들이 귓가를 맴돌고
손짓과 미소가 대화가 된다
낯선 음식의 향이 코끝을
간지럽히고
나는 낯선 맛을 삼킨다

강물처럼 흐르는 소음 속에서
내 안의 침묵이 선명해진다
지도 없는 길을 걸으며
길을 잃고, 나를 찾는다.

난생 처음의 땅,
그러나 어쩌면
한 번쯤 꿈에서 지나간 곳인가-

여행은 먹는 게 첫째의 즐거움일까,
보는 게 중요할까, 눈의 만족일까,
입의 충족이 첫째일까 등수를 정하
긴 힘들 것 같구나!
호텔서 자고 나서 6시쯤 호텔 로비
에 내려가서 뷔페 음식으로 아침
식사. 짐 챙겨 두고서 차 마시며
쉬다가, 점심은 식당에 가서 빵
과 음료로 마친다. 택시 호출해서
절로 향한다. "HAIAN HOTEL"
짐을 맡겨 놓고 절로 향한다.
60m 넘는 하얀 관음상 · 보살의
상 위엄은 한참. 사찰도 크고 넓은
공간. 200여년 전에 지은 사찰.
나무들의 꼬인 뿌리들이 인상적이다.
구경하고 사찰에 들어 예를 올린다.
"[illegible]식당" 예약한 곳에 간다. 의자를 줄 비하게 놓고 앉았
는 대기인원이 공연장 준비인 줄 착각. 김치찌개, 새우 왕새우... 등
맛있게 먹는다. 많은 식당 안에 5~6개 메뉴를 [illegible]... [illegible] 이국이
여행 같다! 오토바이 못 잊지 못한다. 언젠가 중독될 수도 있겠다!

	金	土	日	月	火	水	木	金	土	日	月	火	水	木	金	土	日	月	火	水	木	金	土	日	月	火	水	木
FEB	1	2	3	4	5	6	7	8	9	10	11	12	13	14	15	16	17	18	19	20	21	22	23	24	25	26	27	28

龜背刮毛(구배괄모) 불가능한 일이나 되지도 않을 일을 무리해서 하려고

2025 —꿈의 장난질—

Week 8 **Sunday** (일)
54–311 (1.26 癸亥)

23

스카이카를 타고 고산을 날아간다.
날고 있는데, 나는 머물러 있다.

빗물이 길을 삼켜버리고
산마저 흔들린다

꿈인가 보다
그러나 현실이고
현실인가 보다
그러나 꿈이다

비가 여행을 망치는가
여행이 비를 원망하는가

어느 것이 먼저였는지
알 수 없는 흐름 속에서
나는 멈추지 않고 떠나고 있었다

해발 1,487m의 산 위에 세워진 테마파크로 스카이카를 타고 올라간다. 19세기 프랑스 요새와 놀이공원으로 오른다. 갑자기 내리는 비가 공중 여행을 방해. 프랑스가 지배하며 만든 역사의 유물이란다.
스카이카의 유리에 빗줄이 굵은 치닫친다. 올라오는 빠른 속도가 느껴지지만 풍경은 볼 수 없다. 구경은 꿈이 되고 말았다.
현실이 망쳐지고 만다.
꿈은 산으로 오르지만 내 몸과 함께 머물고 만다. 허망한 꿈이 현실을 깨버리고 만다.
종일 비가 내린다.
스카이카를 타고 내려와서 택시로 온천으로 향한다.
온천욕하며 비 맞고 왔다 갔다 하루가 흘러 간다. 그래도 추억을 쌓는다!

3 MAR	土	日	月	火	水	木	金	土	日	月	火	水	木	金	土	日	月	火	水	木	金	土	日	月	火	水	木	金	土	日	月
	1	2	3	4	5	6	7	8	9	10	11	12	13	14	15	16	17	18	19	20	21	22	23	24	25	26	27	28	29	30	31

克己復禮(극기복례) 자기의 욕심을 누르고 예의범절을 따름.

"꿈의 장난질"로 다 부럽다! ~ ~

—심술궂은 계단—

24

Monday (월) Week 9
(1.27 甲子) 55-310

2 February

지금 당장 떠날 수 있다면 어디로 떠나고 싶나요?

계단은 심술궂다
오를 땐 무게를 실어야 하고,
내릴 땐 무게를 감당해야 하니

젊은 다리는 날아 날아내려도
괜찮겠지만
늙은 무릎은 계단 끝에서
한 번 더 세상을 내려다 본다

내려가는 게 더 쉬울까
올라가는 게 더 어려울까
나이의 저울이 답을 알고 있겠지

동굴 속 계단은
빛을 등지고
천천히 내려오는 사람을
기다린다

늙은 기운을 살짝 빼앗아
자기 몸을 단단히 하는 계단,
심술궂지만 오래 버티는 법을 안다

앞쪽 동굴로 향한다. 자연 동굴이며 나중에 만들어 동굴이 됐겠지. 계단을 한 계단씩 조심스럽게 오른다. 계단은 오르는 게 어려울까. 젊은 사람은 내려올 때는 쉽게 빠르게 내려오지만, 나이 많은 사람은 내려올 때가 위험하다. 계단은 같은 계단인데 젊음과 늙음을 대하는 게 심술궂다. 조심조심해서 계단을 대하는 게 편하구나! 이리저리 다녀보지만 곳곳이 불상이고 불교 전통이 남았다. 저녁엔 강물에 작은 배를 타고, 종이로 만든 배에다 소원 비는 촛불행사도 재미 있는 행사다. 진짜, 소소를 보면서 저렇게 성격이 나올까! 신기하다, 성격도! "심술궂은 계단"을 대하듯 조심성에 하루를 보내자!'

2 FEB	1	2	3	4	5	6	7	8	9	10	11	12	13	14	15	16	17	18	19	20	21	22	23	24	25	26	27	28
	土	日	月	火	水	木	金	土	日	月	火	水	木	金	土	日	月	火	水	木	金	土	日	月	火	水	木	金

스핀오프 어떤 특정한 원작에서 파생되어 나온 작품.

- 나눌 수 없는 고통 -

우측 겨드랑이 밑,
신경 한 올이 날카롭게 뒤틀린다.
가만히 있어도, 조용히 참아도
속에서 부터 쿡쿡, 신호를 보낸다.
대상포진 후유증 통증이란다.

나만 안다.
아픔이 오랜 기억 속에서
되살아난 흔적이라는 것을.
면역이 흔들릴 때마다
잊혔던 고통은 걸음을 시작한다.

당신들은 모를 거다.
아프지 않는 자는 결코 모른다.
이 통증이 얼마나 집요한지,
얼마나 예리한지.

견디면 사라질까,
기억처럼 희미해질까.
그러나 몸은 기억하고,
통증은 또 다시 찾아온다.

나눌 수 없는 고통,
말해도 닿지 않는 아픔,
나는 혼자 울컥대며,
오늘도 그것을 견뎌낸다.

아침에 쿡쿡 칼로 찔러댄다, 우측 겨드랑이 신경을. 타이레놀 2정을 먹는다. 아침 식사하고, 강변을 따라서 걷는다. 다른 때 같으면 굉장 났는데 약발을 받지 못한다.
계속 멈추지 않아서 커피숍서 차를 마시며 참는다. 계속 같은 정도로 아프다. 송곳으로 쿡쿡 찔러 댄다.
집으로 조용히 돌아와서 쉰다. 호텔서 쉰다. 오후에 쉬어도 통증이 멈추지 않는다.
아파 보지 않은 사람은 상상도 못할 통증이다. 호텔 안에서 며칠이 내한다.
서커스 보러 예약해 놨다고 가자고 하지만 포기한다.
자신의 통증은 "나눌 수 없는 고통"임을 하여라! 의사는 추천한 곳 만하 며칠 참고 견딘다!

3 MAR	土	日	月	火	水	木	金	土	日	月	火	水	木	金	土	日	月	火	水	木	金	土	日	月	火	水	木	金	土	日	月
	1	2	3	4	5	6	7	8	9	10	11	12	13	14	15	16	17	18	19	20	21	22	23	24	25	26	27	28	29	30	31

金科玉條(금과옥조) 소중히 여기어 꼭 지켜야 하는 법칙이나 규정

- 침묵의 진실한 소통 -

26

Wednesday (수) Week 9
(1.29 丙寅) 57–308

2 February

나는 여행지로 떠나는 오늘,
오늘은 늘 새로운 날.

뒷좌석에 앉은 식구들,
조잘조잘 하하하 호호호
ㅋㅋㅋ ㅎㅎㅎ^ ~ ~

앞좌석 삼만큼 살아온 노부부,
조용조용 묵묵 부답.
50여년 이상 살아온 세월,
말보다는 침묵으로 대화.
표정없지만 슬쩍 봐도,
내용을 다 읽는 세월의 시그널.

뒷좌석도 어느새 말없는 소통,
익숙한 날이 오겠지.

호텔서 아침식사를 하고 잠시
쉬었다가 또 다른 호텔로 떠
난다.
앞엔 아내와, 뒷좌석엔 아들
식구들이 앉아서, 차량이 호텔
로 달린다. 손주들, 아들, 며느
리들 조잘조잘 냇물처럼 쉼
없이 흐르는 것처럼!
삼만큼 세월을 살아온 부부
높은 말이 필요없는 듯! ^~
침묵이 흐른다! [illegible]

방대한 세월이라 말보다 느낌, 침묵언어가 더 중요한 듯!
비슷한 옛모습이 담긴 추억의 장들을 구경한다. 누에를 키
워 명주실을 뽑아 명주옷을 만들었던 시절을 생생히 재
생시키는 모습이 참말 인상에 남는다! [illegible]
을 보는 듯! ^^ ~ ~ ^

2	土	日	月	火	水	木	金	土	日	月	火	水	木	金	土	日	月	火	水	木	金	土	日	月	火	水	木	金
FEB	1	2	3	4	5	6	7	8	9	10	11	12	13	14	15	16	17	18	19	20	21	22	23	24	25	26	27	28

Much learning does not teach understanding. ⟨Heraclitus⟩

— 새로운 곳으로 —

떠나는 일은 새로 맞이하는 일
새로 만나는 일은 조금 설레는 일

새로운 곳에서
보이지 않는 바람이 불고
한 때 쉬던 그림자들은
조용히 사라져 간다

길 위에선 말하다 침묵이 깊어지고
침묵은 또 다른 언어를 만든다

나무의 잎새가 흔들리는 소리,
구름이 지나가는 속삭임,
낯선 길에 새로운 흔적을 남긴다.

그렇게 나는 떠난다
가진 것들을 내려놓고
놓아둔 것들을 뒤쪽에 쌓은 채

어느 날 문득,
내가 지나간 그 자리에도
누군가가 찾아와 머물겠지.

마사지 샵에 들러서 마사지를
하고서 저녁식사는 치즈로 먹는다.
짜다 짜다 너무 짜다.
세계의 음식 문화가 짠 맛으로
바뀐 걸 어쩌랴.
마사지 샵에는 직원들이 공장
마춤 세트처럼 같은 상품!
늘씬, 마른 체형의 똑 같은
상품이다, 짠 음식, 매운 음
식. "단매짜"가 현 세대의
입맛인 걸 어쩌랴!
음식은 선택이지만, 선택을
못하는 현실세계!

Dá Nang - Mikazuki로
호텔 입실한다.

3 MAR	土	日	月	火	水	木	金	土	日	月	火	水	木	金	土	日	月	火	水	木	金	土	日	月	火	水	木	金	土	日	月
	1	2	3	4	5	6	7	8	9	10	11	12	13	14	15	16	17	18	19	20	21	22	23	24	25	26	27	28	29	30	31

많은 배움이 이해력을 가르치지 않는다. 〈헤라클레이토스〉

– 가족애 –

사랑은,
숨기지 마라,
거짓의 틈새에도 진실은 스며들고,
침묵의 곁에도 말이 깃들어 있다.

사랑은,
한 잎의 꽃에도 기쁨을 피우고,
함께 걷는 길마다 빛을 머금게 한다.

사랑은,
언제나 우리 곁에서,
세상을 더 아름답게 물들인다.

호텔서 잠을 자고 나면 장소 원이가 일찍 찾아온다. 각각 다른 객실서 자고선 아침식사를 하러 호텔 뷔페로 같이 간다. 진진, 소소를 위해서 만난다. 며느리 지영이도. 엇그제 같은 세월을 보내고 진진이는 중학생, 소소는 6학년이 된다. 매일 보지만 반갑고, 귀엽고 뿌듯하다. 한 자니 한 마디의 나눔이 즐겁기만 하다. 베트남 일주일 여행도 벌써 마지막. 마사지 샵에서 6명이 괜나 마사지를 받는 즐거움 따스한 가족의 햇살이 정말 아늑하게 배속으로 스며든다! 베트남 외국이지만 동양적인 정이 스며든다! 고전적인 풍물이 느껴지는 문화다. 누에가 자라 명주실을 뽑는 모처를 키우는 곳, 전통의 한 목적인 문화, 음식도 모두 내 것 같은 따스함이! 찻집서 차 마시고 음식도 즐긴다. 아침도, 커피숍~ 등이 한글 간판, 한국거리를 착각! 오토바이가 찻길을 꽉 메우고, 친근한 이웃의 정서가 깃든 곳, 전통문화의 건물에도, 영어, 베트남어, 한국어로 새겨진 게 친근감! 12시가 넘어서야 대한 관광의 끝, 다시 한 번 공항이 되는 마음 속 소감, 그래도 가족여행에 가족애 삶이 느낀다!

金丸彈雀(금환탄작) 소득이 적은데 [illegible]

2025년

3월

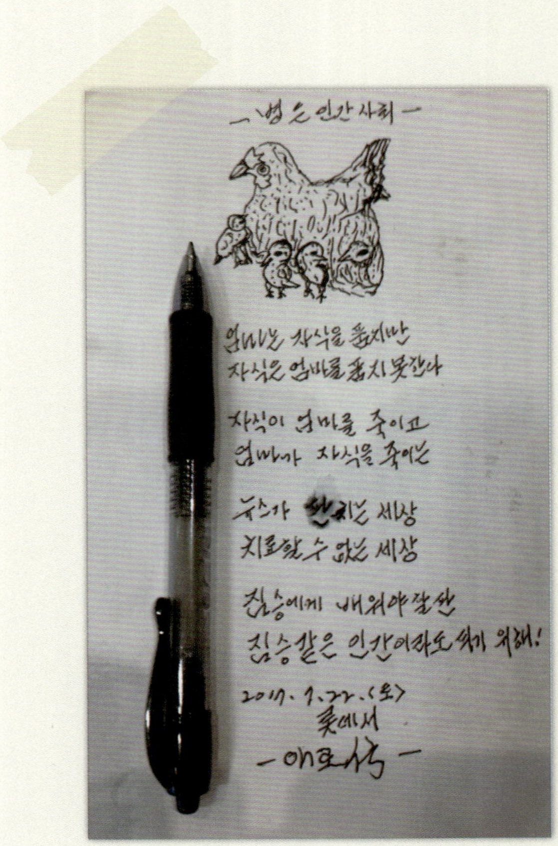
— 병든 인간 사회 —
엄마는 자식을 품지만
자식은 엄마를 품지 못한다
자식이 엄마를 죽이고
엄마가 자식을 죽이는
치료할 수 없는 세상
짐승에게 배워야 할 판
짐승 같은 인간이라도 되기 위해!
2017. 7. 22. (토)

2025 —가족여행 잔상—

Week 9 **Saturday** (토)
60-305 삼일절 (2.2 己巳)

1

어제의 풍경이 눈을 가린다
이국의 바람이 아직도 귓가에 남아,
오늘의 공기를 밀어내고 있다.

할 일이 많아 손을 뻗지만
어느 하나 붙잡지 못한 채 머뭇거린다.
어디서부터 오늘을 시작해야 할까

떠나왔지만 돌아오지 못한 마음,
기억의 짐을 풀어야 하는데
나는 여전히 공항 한 구석에 앉아
비행기의 잔향을 곱씹고 있다

오늘을 살아야 한다는 걸 안다
하지만 어제를 놓을 용기가 없다
여행은 끝났는데
나는 아직 길 위에 서 있다

해외여행의 만족한 잔상이 종일 사로잡는다
즐거웠던 여행이 오랫동안 꽃피워 향기를
뿜어내길 바란다.

자산 기억의 즐거움은 오랫동안 간직하고프다.
해외여행도 많이 다녔지만 금년의
베트남 여행 정말 재미 있었다.
진짜, 손주의 정이 많이 들어 의젓함
이 결을 더해 줬고, 아들 며느리의
정성의 진심이 더 첨가한 거였다.
어제와 오늘이 분리가 되지 않고
섞여 있어서 간절한 여새가 된
듯! 자정에 베트남서 비행기
탑승해서 집에 도착하니 7시30
분이 넘으니 엉켜버린 어제 오늘
이고 즐겁고 만족했던 여행이
라 더 즐거웠던 모양이다!
"가족여행의 잔상"이 어느 때보다 새겨진다! ~~

08 09 10 11 12 13
14 15 16 17 18 19

3 March

3 MAR	土	日	月	火	水	木	金	土	日	月	火	水	木	金	土	日	月	火	水	木	金	土	日	月	火	水	木	金	土	日	月
	1	2	3	4	5	6	7	8	9	10	11	12	13	14	15	16	17	18	19	20	21	22	23	24	25	26	27	28	29	30	31

氣高萬丈(기고만장) 자신의 능력이나 성과에 우쭐하여 으스대는 모습을 비유.

2 삶의 기술자 —

Sunday (일) Week 9
(2.3 庚午) 61–304

3 March

냉장고 수납장에 물이 고였다.
고인물은 얼음이 되고,
기술자는 십여분 만에 답을 찾아낸다.
증기의 길이 막힌 걸 수리해낸다.

삶도 저절로 굴러가지 않는다.
하루를 수리하며 살아가는 것,
그게 삶의 기술이다.

기술 없으면 하루는 고장난다.
고장난 하루를 못고치면 인생을
망가뜨리고 만다.

오늘을 고쳐가며 사는 사람,
인생을 고치는 기능인이다.

인생살이 기능인 되어 살고 싶다.

아프면 약을 먹으며 치료를 하며
사는 게 인간이다. 가전제품이나 사
용하는 기구나 도구는 고장나면
고쳐가며 산다.
지난번에 냉장고 수납간에 얼음을
넣어둔 곳에 물이 찬 게 떠오른다.
얼굴의 부간 신경이 콕콕 찔러며
냉장고 기술자가 와서 10여분만에
뚝딱 고친 걸 떠오르게 한다.
인간이 살아가는 데는 육체도 마음도
느닷없이 고장 나기도, 의사가 고
친다. 삶도 인생도 고쳐가며 살아
야 한다. 인생사 하루하루도 살펴가며 고쳐가며 살자!
생각도, 마음도, 정신도 고쳐가며 살아야겠다고 다짐을 한다!
"삶의 기술자"가 되어야겠다고 명상산책하며 다짐한다! ! ! ~~^

08
09
10
11
12
13
14
15
16
17
18
19

3 MAR	土	日	月	火	水	木	金	土	日	月	火	水	木	金	土	日	月	火	水	木	金	土	日	月	火	水	木	金	土	日	月
	1	2	3	4	5	6	7	8	9	10	11	12	13	14	15	16	17	18	19	20	21	22	23	24	25	26	27	28	29	30	31

綺羅星(기라성) 신분이 높거나 권력이나 명예·따위를 가지고 있는 사람이 모여 있는 모습.

혀가 내뱉은 말이 진실일까
입술의 움직임이 정직할까
눈가의 미세한 떨림이 사실일까
허리를 숙이는 몸짓이 참말일까

진실은 온몸으로 말하는 걸까
온몸으로 감추는 게 진실일까

눈 감으면 소리는 명확히 들리죠.
소리 너머의 참뜻이 보이죠.

소리 속의 말
침묵 속의 말
어느 것이 더 깊은 진실이죠

남의 눈을 의식하지 않는 순간,
오직 나만의 참나를 보는 순간,
벌거벗은 당신의 진실일 것이다.

텅 빈 방에 혼자 있는 당신으로,
세상을 살 수만 있다면 좋겠죠,
화장 안한 당신의 눈과 맘으로.

갑자기 클라이언트가 찾아왔다.
인생상담하러 5년 전에도 오신 분.
계획없이 맞이하는 황당한 생각이
앞선다. 옷차림, 몸, 모든 나의 모습
이 당황스럽다!
혼자 있을 때의 나, 다른 사람과 같
이 있을 때의 자신을 상상!
몸과 마음에 화장을 하고 준비함,
준비 없음의 만남과 차이점이 생긴
다. 상담자 만나는 분께 내놓
말의 준비도 중요!
한 시간을 헤매다가 찾았단다.
'미뤘던 출화생활'의 관심이 없어
지고 "내실만 수용"이란 관점으로
바꾸어서 황당했단다. 침착하
게 실컴 성의를 다해서 상담을
해줬다. 인생상담 심리학 책을 이어 갔으면 했다고. 친구도 1권
주다고 사인해달라며. 오래오오 웃 활동을 바라보며 흐뭇하다!
'벌거벗은 당신의 실체'와 절실한 시간의 만남이 흐뭇하다! ~ ~

4 APR	火	水	木	金	土	日	月	火	水	木	金	土	日	月	火	水	木	金	土	日	月	火	水	木	金	土	日	月	火	水
	1	2	3	4	5	6	7	8	9	10	11	12	13	14	15	16	17	18	19	20	21	22	23	24	25	26	27	28	29	30

-혼돈세상의 창시자들-

사람이 바뀔 수 있을까
지금까지 보아온 것, 믿어온 것
자신의 삶을, 살아온 방식을

새벽이 오듯
한 치씩 밀려오는 변화가 가능할까
손에 익은 낡은 길을 벗고
새로운 바람 속으로 걸어갈 수 있을까

모두 말은 쉽지만,
발끝을 떼는 순간
뿌리가 저항한다

어려운 것일수록
그것을 넘는 발걸음이 빛이되고
그것을 이루는 손끝이 혁명이 된다

그런데 왜,
어제의 나만 바라보는 자들이
새로운 길을 막아서고 있을까

왜,
낡은 깃발 아래서 있는 사람들은
자신이 얼마나 초라해지는지 모를까

「극단주의자들 확증편향성 몸부림이 서글프다.

대통령의 탄핵 때문에 온 나라가 시끄럽다. 반대와 찬성의 여론전 가싸움이 극명해진다. 잘난은 법률 전문가들, 헌법재판관의 몫인데도 아랑곳 않고 떠들어대는 모습, 극우 기독교 목사들이 선동해댄다. 정말정말 서글픈 일이다. 헌법재판소의 판결을 존중하면 가만 두지 않겠다는 극단적인 폭언을 퍼부어대는 것 너무 서글픔! 여론을 확대해서 재판과 법 논의까지 인정 않겠다는 폭언을 쏟아부어대는 목사들 신도들 몰려 모여 집회를 하고, 정말 안타깝다! 네가 옳다, 내가 옳다는 확증성의 싸움보다 법리로 해석 않는 서글픔! 확증편향성이 언제쯤 해결될까나! "혼돈세상의 창시자들" 정말 한심하구나!

3 MAR 土 1 日 2 月 3 火 4 水 5 木 6 金 7 土 8 日 9 月 10 火 11 水 12 木 13 金 14 土 15 日 16 月 17 火 18 水 19 木 20 金 21 土 22 日 23 月 24 火 25 水 26 木 27 金 28 土 29 日 30 月 31

A good example is the best sermon. 〈B. Franklin〉

당신이 싫어하는 사람,
미워하는 사람,
원수처럼 지나치는 사람.

당신이 좋아하는 사람,
사랑하는 사람,
존경하는 사람.

당신이 먹기 싫은 음식,
무난히 넘기는 음식,
즐겨 찾는 음식.

운명은 내가 운전하는 길,
숙명은 나를 태우고 가는 길.

운명은 잘못된 선택의 가능성,
숙명은 선택조차 없는 필연.

운명과 숙명,
당신은 그 경계에 서 있다.
어떻게 살아야 하는가.

인생의 숙제는 어렵고 끝이 없다.

사람을 만남과 헤어짐도 운명과 숙명 사이의 사건들!
사는 곳, 사는 장소 운명과 숙명!
그곳에 꼭 살고 싶어서 산다, 살고 싶다고 해서 사는 것만도 아닌 숙명도 섞여 있다!
세상만사나 내 인생의 삶도 운명과 숙명의 섞임!
숙명은 맘대로 안되는 것!
운명은 내가 원한대로 어느 정도는!

숙명은 내 뜻이 아니지만 운명은 내가 잘못 운전한 탓!
하지만 하지만 매사는 하나로 형성되는 건 없고, 섞여서 형성되는 것이 아닌가!
운명과 숙명의 작용으로 내가 지금 여기까지 온 여정!~

4 APR	火	水	木	金	土	日	月	火	水	木	金	土	日	月	火	水	木	金	土	日	月	火	水	木	金	土	日	月	火	水
	1	2	3	4	5	6	7	8	9	10	11	12	13	14	15	16	17	18	19	20	21	22	23	24	25	26	27	28	29	30

모범이 설교보다 낫다. 〈B. 프랭클린〉

6

—습관의 틀—

Thursday (목) Week 10
(2.7 甲戌) 65–300

3 March

내가 만든 틀 속에
어느새 갇혀버렸다.
새로움을 꿈꾸어도
습관은 벽이 되어
발목을 붙든다.

사각형의 규칙이
나를 재단하고
길을 막아선다.
친밀한 익숙함이
나를 머물게 한다.

그러나,
오늘은 새로운 날.
새로운 생각,
새로운 마음,
새로운 정신으로

네모난 틀을 깨고
진취하는 삶을 만들고 싶다.

새벽에 일어나 거실서 몸풀기 운동. 매일하는 108배 하고 아침식사 하고 걷기 운동, 야산쪽으로 음지로, 정해진 산책길 걷는다. 집에 돌아와 열심히 신문 읽기. 신문 속에서 세상과 만난다. 칼럼을 쓴 사람, 논설을 쓴 사람을 만난다. 연예인 유명인들을 만난다! 때로, 궁금해서 스마트폰 검색하며 사람들을 만난다. 매일 좀 변화하는 나의 틀이다. 습관의 틀에 갇히면서도 갇히지 않으며 오늘은 새롭게 만나기도! "습관의 틀은 나를 가두지만 난 갇히지 않는다!

세란병원에 가서 약 타오는 예약된 날이다. 아는 닥이 CT 촬영, MRI를 찍어라는 성화에 찍었는데 인지능력은 나이에 비해 좋은데 기억력 부분이 쇠약. 자식들 성화에 못 이겨, 3개월째, 약을 복용, 치매예방 ... 세란병원이 유명하다 ... 3개월 약, 아내와 같이 약. 204,600원 진료비, 14,800원—

3	月	火	水	木	金	土	日	月	火	水	木	金	土	日	月	火	水	木	金	土	日	月	火	水	木	金	土	日	月
MAR	1	2	3	4	5	6	7	8	9	10	11	12	13	14	15	16	17	18	19	20	21	22	23	24	25	26	27	28	29	30	31

Let him who knows the instrument play upon it. 〈Cervantes〉

—대통령 산책소음—

넉넉한 밥상,
밥 한상이 품은 오색찬란한 반찬들.
온 가족의 기쁨이 한상 가득 펼쳐진다.

가장의 묵직한 어깨 같은 밥 한 그릇,
새콤달콤 아이들의 재잘거림,
매콤한 막내의 장난스런 웃음맛,
싸아한 사춘기 큰애의 대파맛,
안 보이는 곳은 엄마 소금의 사랑맛.

오손도손 둘러앉은 가족 밥상,
저마다 다른 빛깔의 맛의 밥상.
때론 옥신각신,
때론 포근하게,
함께 쌓여오는 따뜻한 자리.

이 밥상이 모이면
하나의 커다란 나랏 밥상.
보이지 않는 손들이 쌓아가는
우리 모두의 밥상.

언제쯤일까.
여의도의 밥상도,
청와대의 밥상도,
가족처럼 둥글게 앉아
서로를 챙겨 앉을 수 있는 날.

국물이 끓을수록 맛이 나듯,
우리가 서로의 곁에 있을 때,
비로소 참된 맛을 내는
그런 나라가 될 텐데.

아침 일찍부터 출퇴근 하는 직장인
들, 버스, 택시, 택배차량, 자가
용들이 온 거리를 흔든다.
마치 넓은 바닷물이 출렁이는 느낌!
저마다 삶이 다르다, 생각도, 세상을
보는 시각도 각각이겠지.
옳고 그름도 관점에 따라 판
단하겠지. 분명 오늘날은 혼란
인데! 식사도 각각 입맛대로
처럼 정답도 다를까!
아침 산책을 하면서 많은 사람의
모습을 읽고, 묵상하다!
신문도, 뉴스도, 사람들의 삶도,
음식맛 처럼 제각각이며 정답 찾기
힘들다! "대통령 산책소음"이끈 해가
되고 말았구나!..!~

4 APR 1 2 3 4 5 6 7 8 9 10 11 12 13 14 15 16 17 18 19 20 21 22 23 24 25 26 27 28 29 30

악처를 [illegible] 아는 사람에게 악기를 연주하게 하라 [illegible]

-내면의 보석-

8

Saturday (토) Week 10
(2.9 丙子) 3·8민주의거기념일 67-298

3 March

나는 많은 보석을 지니고 있다.
그 빛을 갈무리하여
손바닥 위에 올려 놓으면
누군가는 눈부시게 기뻐한다.

나누어도 줄어들지 않는 빛,
닦을수록 깊어지는 광채,
나는 그 보석으로 살고프다.

집에서 몇 걸음만 나서면
종로의 보석상가,
진열장 보석들은
주인이 부르는 값으로 존재한다.

그러나 내 안의 보석은 다르다
그것은 나와 말을 나누고
침묵으로 반짝이며
나를 보석으로 만들어 낸다.

값을 매길 수 없는 빛으로 살기위해
나는 내면과 대화하며
오늘도 조용히 성장한다.

오늘은 침묵의 하루였다!
만나는 사람없이 하루를 살았다.
말을 하지 않고, 말을 숙성시키고
지낸 하루!
숙성하며 성장시켜 누구엔가 주기 위해서 내면의 보석처럼 키운 하루다!
말을 많이하면, 키우지 않고 뱉으면 멋있는 말이 안된다.
보석 같은 말은 내면 속에서 자라고 숙성하며, 나를 성장시키고 상대를 성숙시킨다.
이것들은 보석으로 성장한다!
시가되고 삶의 성장이 된다!
"내면의 보석"이 된다! 나를 성장시키는! ~ ~ ^^

3 MAR	土	日	月	火	水	木	金	土	日	月	火	水	木	金	土	日	月	火	水	木	金	土	日	月	火	水	木	金	土	日	月
	1	2	3	4	5	6	7	8	9	10	11	12	13	14	15	16	17	18	19	20	21	22	23	24	25	26	27	28	29	30	31

麒麟兒(기린아) 슬기와 재주가 남달리 뛰어난 젊은이.

— 옛상상이 만드는 현실 —

한겨울 바람이 살을 에면
한여름의 태양을 불러낸다
그때의 땀 한 방울을 떠올리면
지금의 추위가 덜 시리다.

지친 하루가 등을 눌러오면
오래전 웃음소리를 불러낸다.
그때의 따뜻한 손길을 떠올리면
지금의 고단함도 가벼워진다.

상상은 기억을 거울 삼아
현실을 바꾸는 법을 알고 있다.
마음이 닿는 곳에서
시간은 다시 흐르기 시작한다.

당신이 살아온 오늘의 모든
현실들은 상상의 열매다.
책을 출간하는 것은 지금까지 상상
해온 결과다.

08
09 좋은 상상으로 세상을 살아야 겠다.
10

옛 친구가 시집을 출간해서 계단에
책을 끼어놓고 갔다. 교회 오면서
두고 간 모양이다.

책을 / 7권을 썼지만 그 책이 어찌
지금에 써진 것일까. 지난 세월의
흔적들이겠지!
수많은 상상의 집약이고 지난 시
간들의 모임이 아니겠는가!
지난 세월의 삶이 오늘의 책 한
권이겠지! 모든 상상이 오늘
이다. 지난 삶의!
친구와의 어린 시절도 되새겨
본다! 오늘의, 오늘의 삶의
14 흔적...모든 것들이 나의
15
16 오늘이 아니겠는가!
19

11 너를 만나는 것, 너에 대한 나의 결점도 모두가 과거의 상상~
12 들이 아닌가! 친구의 시집 한 권이 나의 과거를, 과거의 상상을
13 심어야 할 하루다! 옛상상이 만드는 시 한 편을 쓰게 한 날이다!~

4 APR 1 2 3 4 5 6 7 8 9 10 11 12 13 14 15 16 17 18 19 20 21 22 23 24 25 26 27 28 29 30

奇想天外(기상천외) 보통 사람이 생각할 수 없는 엉뚱한 생각.

밤이 온다는 건
낮이 기다리고 있다는 것.
어둠이 없다면,
빛도 오지 못할 것이다.

우리는 서로 한쪽 나누어
한 몸을 이루고 있었으면서도,
나편, 내편을 가르며,
끝없이 서로를 밀어낸다.

네가 있어 내가 있고,
내가 있어 네가 있다면,
이 싸움의 끝은 무엇일까.

쉬우면서도 어려운 일,
어려우면서도 쉬운 일.
인생살이란 원수처럼 마주보고,
친구처럼 웃으며 사는 일.

검찰, 판사, 경찰들은 서로 다른
논리적인 해석으로 전국이 시끄럽다.
그 모습을 보면서 서로 옳다고 싸움
이 대는 모습이 너무 시끄럽다!
극단적으로 옳다, 그르다 싸움은
너무너무 시끄럽다.
조용히 멀리 한발만 바라보면 될
텐데 지지자들 서로 조용히 있으
면 될텐데, 극좌, 극우, 목소리가 시
끄러운 주장들이 분노를 계속 하
게 만드는 현실!...

정치적 시끄러움이 국민을 죄다 원수를 만드는 현실!
극단 보수 기독교인들의 광장 모임엔 종교를 초월한 정치이념, 종
교의 본질을 파괴하는 모습이 정말 보기 민망하다, 종교인지는!
사랑도 없고, 진영논리 싸움질만 부추기는 현실이 무섭다!
"원수는 친구"라는 주제가 서글프다!!! ~ ~

3 MAR	土	日	月	火	水	木	金	土	日	月	火	水	木	金	土	日	月	火	水	木	金	土	日	月	火	水	木	金	土	日	月
	1	2	3	4	5	6	7	8	9	10	11	12	13	14	15	16	17	18	19	20	21	22	23	24	25	26	27	28	29	30	31

디토 소비 나의 가치관과 취향에 부합하는 사람·콘텐츠·유통 채널의 선택을 따라 하는 소비.

2025 / 다음의 존재 –

Week 11 **Tuesday** (화)
70–295 흙의날 (2.12 己卯)

11

다음이 내게로 오고 있다.
다음이란 이름의 얼굴로,
고요한 발자국으로 다가온다.

난 오늘로 개명해준 채,
그를 맞이할 준비를 한다.
어제 숙제는 시무룩하게 떠난다.

다음이 오면 나는,
어떤 길을 내어주어야 할까.
그가 망설이지 않도록,
발자국을 심어 두어야 할까.

혹은, 다음이란 원래
길 없는 길을 걸어오는 존재?
나 조차도 모르는 길 위에서,
그를 만나야 하는 걸까.

다음이 왔다.
나는 다음에게 길을 묻는다.
그러나 다음은 웃으며 사라진다,
또 다른 다음을 데리고 오려고!

나는 다시 길 위에서 기다린다,
또 다른 다음을!

시를 가르치는 날이다.
전철을 기다리는데 종각 역까지 가는 전차. 다음 역은 또 10분 후라는 안내 문자.
"다음"이란 내게 어떤 뜻일까!
지금까지 살아오면 수많은 다음을 기다리며 살아온 삶!
다음을 또렷이 보려는 건 숙제를 많이 안고 올 때! 그냥 무심코 맞이하는 다음은 숙제가 없지.
다음이 도착하면 소리 없이 사라지는 다음! 또 다음을 데려 가는 다음의 존재!
오늘의 시의 강의는 "다음".
시는 철학을 좇고 삶의 삶이 좋! 점심을 먹다가 왼쪽 발이 약간 삐었다. 끝나, 화장실서 잠을 붙으니, 쉬가, 꽉 꽉 붙은 뒤가 불편했나. 몸에서 쉬가 오는 걸 깍깍, 일어나 불렀노라. 왼쪽 발은 참을 사람이 너무 많다 안심!
정말 순간의 깍각이 어지럼증을 잠시 유발! --- 참 각이 무서워! ~

4 APR 火 水 木 金 土 日 月 火 水 木 金 土 日 月 火 水 木 金 土 日 月 火 水 木 金 土 日 月 火 水
1 2 3 4 5 6 7 8 9 10 11 12 13 14 15 16 17 18 19 20 21 22 23 24 25 26 27 28 29 30

難兄難弟(난형난제) 두 사물이 엇비슷해서 서로 우열을 가리기 어려움.

— 화장한 얼굴들 —

나는 안다.
네 손끝의 머뭇거림이 말해주는 것들을
눈 깜박임 사이에 숨겨진 망설임을

너는 말하지만
그 말 너머의 울림이 더 크다.
혀끝에서 부서지는 웃음 속에서
떨리는 진심이 숨어있다.

애교는 가면이 되고
미소는 벽이 되지만
나는 본다.
가면 뒤에 숨어있는 너의 실체를.

국회의원들, 장관들, 대통령의 숨은 얼굴이 보인다. 거짓으로 덧칠한 얼굴이 텔레비전에서 어른거린다. 여당야당 몰려다니며 몸짓 키우는 국회의원, 자기 권력 야욕에 도취해서 옷대없이 휘둘러 나서는 장관들, 탄핵으로 헌법재판을 기다리는 대통령, 본심이 무언지 모르고, 내뱉어내는 꼴들! 같은 애국심, 국민을 위한, 유권자를 위한 연기력에 도취한 꼴불견들! 헌법재판소의 대통령을 탄핵을 하는, 기각을 하는 법리를 따라 판단할 일인데 서로 충돌하고 내뱉어내는 꼴불견! 모두가 "화장한 얼굴들" 거짓 얼굴들이 온통 사방이다, 나라 안이! 눈치를 그만 보고, 어서 속히 속전 속결로 끝하고! 법관들도, 검찰들도 거짓 화장한 얼굴로 사는 건가!!!~~~

08 14
09 15
10 16
11 17
12 18
13 19

3 MAR	土	日	月	火	水	木	金	土	日	月	火	水	木	金	土	日	月	火	水	木	金	土	日	月	火	水	木	金	土	日	月
	1	2	3	4	5	6	7	8	9	10	11	12	13	14	15	16	17	18	19	20	21	22	23	24	25	26	27	28	29	30	31

It is rare for anyone to be sufficiently critical of himself. (Quintilianus)

오랫만이야, 그래그래
잘 지냈어? 그래그래
언제 한번 보자, 그래
밥 한끼 하자, 그래
술 한잔 하자, 그래그래

말들이 공중에 돌고
뾰족한 감정은 깎여나가고
서로의 안부를 묻지만
서로의 안은 들여다보지 않는

인사말은 잘 훈련된 새처럼
날아가고 돌아와서
같은 자리로 내려앉는다.

우리의 말은 자주 마주치지만
우리 마음 한 번도 만나지 못했다.

그래그래, 잘 있어.
그래, 전화 줄게.

죽봉 친구 6년 넘게 만나지 못했다. 주간경향에 "별난사람"이란 코너에 취재했던 친구 십년이 넘은 오늘 셋이 만났다. 인간 심리탐구 저서 술책 지난달에 출판한 책 한 권씩 주고. 기자 출신 친구는 아내가 모두 수술로 뇌를 여러개 박아서 걷기도 힘들고 겨우 지팡이 의지하고 겨우 문밖에 나가고. 케어하려고 요양보호사 자격증을 따서 아내를 돌본다고. 마음을 바꾸라고 방법을 일러준다. 내부의 오장육부는 건강하니 그런사람에 비교하면 몸은 불편하지만 생명연장은 더 좋다. 자동휠체어 전동 누워자를 사주라고.

죽봉은 요즘 나이가 들어가니 자꾸 허망한 생각이 든다고 한다. 인생 종점가 가까워 오니 허망하다고. 마음을 바꾸자. 이 시간 후로는. 세상을 80년 이상 가르쳤고, 제자들도 정말 많지 않나. 얼마나 보람된 삶이라고! 두 친구의 가슴속에 채워주는 꿀보람! "인사치레" 전화만 자주하다가 실제로 만나서 나눈 말들, 돌아오는 발걸음이 가볍다!!! ~ ~ ~...

4 APR 火 1 水 2 木 3 金 4 土 5 日 6 月 7 火 8 水 9 木 10 金 11 土 12 日 13 月 14 火 15 水 16 木 17 金 18 土 19 日 20 月 21 火 22 水 23 木 24 金 25 土 26 日 27 月 28 火 29 水 30

자기 자신에게 충분히 비판적인 사람은 드물다. 〈헨릴리아누스〉

—상부상조(相扶相助)의 삶—

14

Friday (금) Week 11
(2.15 壬午) 73-292

3 March

요즘 계속 떠오르는 사람은 누구인가요?

또닥또닥 쿵쿵쿵 쓱싹쓱싹 우르르 쾅쾅,
무기를 수렁수렁 날고 완전무장 병사들
처럼,
쇠창을 두드려 박고,
망치를 내려쳐댄다.

산넘산 넘은 쇠사다리를 자르고 묶은
고무 끝에,
하늘 찌른 건물을 세운 용자들.

서로를 짓누르고,
서로를 이끄며,
한치의 틈도 없이 엉켜산다.

고층의 숲들이 서로를 붙잡고,
빌딩이 빌딩을 기대고,
육교가 강 위에서 어깨를 걸고,
홀로는 설 수 없는 것들이 함께
존재하며 상존한다.

너와 나를 보호하는 든든한 우리,
상존(相存)의 원리 속에서,
비로소 안전해지는 삶.

집에서 내려가는 산책길에 뚝딱뚝딱 두들겨대는 소리. 여러 날이 지났는데도 건물이 완공되지 않았다. 길위에 간 망치 벽지... 건축의 장구들. 마치 무장군인 같다. 건물이 완성되기까지는 많은 자재들이 필요. 많은 자재가 하나의 건물이 완공. 종묘납장, 수백년을 지켜온 종묘납도 정말 수많은 자재들이 엉켜서 존재한다. 숲 속에는 바람, 비, 곰팡이, 이슬... 설 수 없는 존재들로 상존. 인간의 삶에도, 식구가 있고, 가족이 있고. 식구와 가족을 만들기 위해선 사돈이 있고, 사돈의 사돈이 또 존재! 하나의 존재를 만들기 위한 많은 존재의 상존이 필요. 오!... 이런 사색을 하며 걷다보니 어느새 정체점. 빛날 혼자선 없을 길 알고! "상부상조의 삶"이구나!

3 MAR 1 2 3 4 5 6 7 8 9 10 11 12 13 14 15 16 17 18 19 20 21 22 23 24 25 26 27 28 29 30 31

From listening comes wisdom, and from speaking repentance. (Italy)

— 찐사랑 —

손끝에서 쏟아지는 말들,
타닥타닥,
조용한 방 안을 가득 채운다.
전화면은 선명한데,
온기는 닿지 않는다.

그리움은 화면을 뚫지 못하고,
진심은 이모티콘 속에 갇힌다.
말보다 얼굴이 보고 싶고,
글보다 눈빛이 간절하다.

사랑은 손끝이 아니라,
눈이 마주치는 곳에서,
숨결과 온기가 섞이는 순간에,
비로소 자란다.

마주해야 마음이 자라고,
함께해야 정이 깊어진다.
찐사랑은 전화기 너머가 아니라,
서로의 얼굴 앞에서 숨 쉰다.

친구를 만나거나, 지인을 만나는 건,
자식들을 만나는 건 확연히 다르다.
형식적인 예를 내세우는 것과, 편안하
게 포근함이 앞서는 핏줄의 만남!
전화로, 손가락 나눈 인사 보다 실제로
얼굴을 마주할 때는 온기가 섞여 찐
사랑! 핏줄사랑이 실감 난다!
승용차문을 열어주고, 위험성이 있는
길에선 손을 잡아주는 찐사랑을 실
감한다! 아내의 안경 맞춤은
외출이고, 따뜻함을 느끼는 핏줄
이 실감나게 안온하게 젖어드는 퇴
냄새! 장남은 송정역으로/ 차로
손소매 마음이 더 촉촉하게 따뜻
함을 풍긴다!
집에 돌아온 저녁 시간엔 딸꽃이
행복의 향기를 풍긴다. 프리다너스 봄향기처럼,
"찐사랑"이란 향기가 하루를 포근하게 열매를 맺게 하는구나!!!~~

4 APR	火	水	木	金	土	日	月	火	水	木	金	土	日	月	火	水	木	金	土	日	月	火	水	木	金	土	日	月	火	水
	1	2	3	4	5	6	7	8	9	10	11	12	13	14	15	16	17	18	19	20	21	22	23	24	25	26	27	28	29	30

귀담아 들으면 지혜를 얻고, 지껄이면 후회가 생긴다. 〈이태리 속담〉

-한겨울 솎게 새봄 나오-

16 Sunday (일) Week 11
(2.17 甲申) 75-290

3 March

겨울이 다 쓰고 남긴 실밥들이 찢겨진
물길을 따라 흐른다.

수양버들은
아버지 같은 새순을 매달고 피를
빨아 먹는다.
봄은 새로 오는 것이 아니라
겨우내 흘려 보낸 시간의 응고

참새들이 허공에 꿰매 놓은
재잘거림을 따라가면 어디쯤엔가
겨울의 마지막 한 조각이
봄이라는 이름으로 반짝일 것이다

냇물은 이미 알고 있다
그 흐름이
봄을 배달하는 것이 아니라
겨울의 마지막 헌옷을
햇살 속에 널어놓는 일임을

그러나
새봄을 맞이하는 일은
이제 겨울을 보내는 일

한겨울을 솎아내니
그 틈에서 다듬어진
새봄 나오

봄이다. 온 건가, 오고 있는 것이다. 봄은 지금 온 것도, 천천 온 것도 아니다. 쉬지 않고 계절시계는 째깍거린다. 겨울 속에 봄이 숨어 있었다! 세월이 빠르나, 벌써 봄이다. 다 헛소리다. 한겨울에 죽은 것은 봄과 싸우는 것이 아니겠는가. 마라톤을 하는 사람들이 팬티 러닝 샤쓰 차림으로 뛰었다. 구경하는 사람들은 따뜻한 겨울옷을 입었다. 한 겨울 속에 봄과 다투는 걸 설명해주는 것! 젊은 나이들은 벗고 벗고 또 벗고! 젊음 속에 늙음이, 늙음 속에 젊음이 섞여 있다! "한겨울 솎게 새봄 나오" 하니 이것 속에 저것이 있기에 저것과 이것을 알 수 있는 법! 진보와 보수, 여당과 야당, 만리는 양면의 동전!!!

3 MAR 1 2 3 4 5 6 7 8 9 10 11 12 13 14 15 16 17 18 19 20 21 22 23 24 25 26 27 28 29 30 31

內助之功(내조지공) 세상에 드러나지 않고 내부에서 돕는다는 말

2025 —새로운 삶—

Week 12 **Monday**(월)
76–289 (2.18 乙酉)

17

자고나면 새로운 날인가,
헌 것 속에서 나왔는데 어째 새로운 것.

세상엔 새로운 게 진짜 있을까
시간, 세월이 새로운 것인가.
세상엔 새로운 게 없다.
기존의 존재가 변할 수는 있겠지만.

삼라만물 중엔 새로운 게 없다.

봄이 오면 새싹이 돋는다.
꽃이 핀다.
새로운 것 같지만,
어디에도 새로운 존재는 없다.

새로운 건,
새로운 것으로 볼 때만 새것이다.

새롭게 살기 위해 새롭게 본다.
08 그것이 새로운 것이다.
09 새로운 정을 위해 새롭게 본다.
10
11
12
13

작명을 한다. 세상에 처음으로 태어난
귀중한 존재. 세상에 없는 새로운 사
람을 위해 새로운 이름을 짓는다!
따져 보면 엄마 아빠의 변화된 하
나의 새로운 생명체다!
16621번의 이름, 만 육천이 넘는
작명이지만 같은 이름을 지은 게 없다.
새로운 이름, 새로운 삶을 영위하라
는 마음, 정성으로 작명한다!

세상에 같은 존재가 없으면서,
새로운 존재의 탄생!
같으면서 같지 않은 존재!

아이러니하게 느껴진다!
축하하며 이 나라의 훌륭한
14 인재가 되길 기원하면서
15 작명, 새로운 삶을 사는
16
17 존재를 위해!!! ^~~
18
19

4	火	水	木	金	土	日	月	火	水	木	金	土	日	月	火	水	木	金	土	日	月	火	水	木	金	土	日	月	火	水
APR	1	2	3	4	5	6	7	8	9	10	11	12	13	14	15	16	17	18	19	20	21	22	23	24	25	26	27	28	29	30

결합 가격 기본 제품과 선택 사양을 모두 결합시켜 판매하는 것.

—화장하는 인생—

18 **Tuesday** (화) Week 12
(2.19 丙戌) 77–288

3 March

집은 벽지로 단장하고
몸은 옷으로 꾸민다

마음엔 빛을 입히고
생각엔 향기로 덧칠한다

나쁜 마음은 씻어내고
흐트러진 정신은 다듬어진다

매일은 선물처럼 다가오고
나는 그 하루를 곱게 화장한다.

인생은 화장하는 것!
말도 화장을 잘해서 내놓아야 상
대방이 흡족해 한다.
조제사에 소란을 만난다.
인생상담을 해준다.
같은 말이라도 수리를 잘해서
내놓으면 품성이 좋아진다.
마음도 생각도 환해지는 모습이
보인다.
당신이 좋으면 나도 좋아진다!
말뿐 아니라 인생도 화장
잘 하면 좋아진다!
이사람 저사람 ~나의 곁에 처음
에 왔지만 흡족하고 흐뭇하다.
오늘 보니 장래할 위안과 위로와
흡족한 말을 해주며 흐뭇한
하루다! "화장하는 인생"이
였다!

3 MAR	土	日	月	火	水	木	金	土	日	月	火	水	木	金	土	日	月	火	水	木	金	土	日	月	火	水	木	金	土	日	月
	1	2	3	4	5	6	7	8	9	10	11	12	13	14	15	16	17	18	19	20	21	22	23	24	25	26	27	28	29	30	31

It is much easier to extinguish the first desire than to satisfy all that follow it. ⟨B. Franklin⟩

—초승달 같은 고마움—

하늘을 지키는 달,
작아졌다가 커졌다가 움직이는 시계.
지구의 생명을 어김없이 달시계 순종하며 살아간다.
한낮의 전등불보다 밝진 않지만,
허기를 채워주는 고마움이다.
가슴의 허기에 쪼끔이 더 고맙다.

새벽잠 깨우는 상현달,
늦잠 재우는 하현 쪼끔이,
작은 건 인간의 고마움을 깨운다.

미세먼지 같은 고마움에
잠을 깨어나려 풍부해진다.
칭찬해 주며 성장시켜 준다.

밝은 태양만 고마운 줄 안다.
어두운 밤길 하늘의 달이 고맙다.
초승달이 있어 전등없는 밤길
정말 고맙다. 허기에 지쳤을 때
물 한 모금의 고마움도!
어려운 환경에 처했을 때 미세먼
지 같은 소망이 더 크고 많은 것보다
고마움을 느낄 때 내면의 성장
을 느낀다.
아침 산책을 하는 도중 갑자기
용변이 보고 싶어졌다. 상가에 화장실이 있는 게 다행,
정말 커다란 소망보다 작디작은 소망이 다가올 때 정말
고맙다. 평소에 무심코 지나친 곳, 응급상황을 해결해 줄 때
의 경험이 마음을 깨워주고, 마음을 넓혀준다!
살다보면 생각보다 불빛이 다가와 깨워준다, 마음을!
태양보다, 밤에 "초승달 같은 고마움" 느끼는 기분이 정말
마음을 성장시켜 주는구나! … 갑자기 생긴 신호가 삶을 깊이 있고
하고 깨닫게 해 줬다! 정말 정말 고맙다, 마음을 넓혀줘서!

4 APR

火	水	木	金	土	日	月	火	水	木	金	土	日	月	火	水	木	金	土	日	月	火	水	木	金	土	日	月	火	水
1	2	3	4	5	6	7	8	9	10	11	12	13	14	15	16	17	18	19	20	21	22	23	24	25	26	27	28	29	30

첫 욕망을 없애기가 다음 욕망을 만족시키기보다 쉽다. 〈B. 프랭클린〉

—한 번뿐인 생—

20

Thursday (목) Week 12
(2.21 戊子) 춘분 79-286

3 March

쓰레기 더미에서 분리한다.
이것도, 저것도,
어디선가 한때 빛났던 것들.

좌파, 우파, 극좌, 극우,
다르다고 하지만 비슷하고,
비슷해 보여도 다르다 한다.

세상엔 다르지 않은 것이 없고,
같다고만 할 수도 없는 것들뿐.

쓰레기는 쓰레기지만,
한 번 더 살아날 수 있다.
이름을 바꾸고,
형태를 바꾸고,
새로운 의미로 다시 태어난다.

죽은 생명도,
되돌아올 수 있을까.
되돌아온다면 더 나은 삶을 살까,
아니면 같은 실수를 반복할까.

쓰레기는 다시 태어나는데
왜 자기만 옳다고 아우성일까.
한 번뿐인 생 바르게 살순 없을까.

70대 할머니가 몸에 신나를 뿌리고 자살.
극렬 윤석열 지지자란다.
극우, 극좌의 지지자들이 병적으로 다
돈다. 극보수들이 극좌 지지자들께
당한 수치. 법적으로 해결해야 한
다는 아우성!
헌법 재판소 앞에서 매일 떠들
어댄다.
근처 음식점들은 장사를 못하겠
다는 아우성!
다른 것을 위해 더 떠들어댄다.
처음 시작점은 묻은 채, 지금의
상황은 외면한 상태.
쯧쯧쯧 쯧쯧 쯧!
쓰레기만도 못한 극단적인 확증편
향성에 빠진 극단의 양상이구나!
"한 번뿐인 생"을 어떻게 살지!
자신과 대화도 하며 삶을 다시
조율하자!

3 MAR	土	日	月	火	水	木	金	土	日	月	火	水	木	金	土	日	月	火	水	木	金	土	日	月	火	水	木	金	土	日	月
	1	2	3	4	5	6	7	8	9	10	11	12	13	14	15	16	17	18	19	20	21	22	23	24	25	26	27	28	29	30	31

Neither a borrower nor lender be; For loan oft loses both itself and friend. 〈Shakespeare〉

- 긍정의 설계 -

한순간에 나타난 행운이 있다.
작디작은 행운 조각을 줍는다.
건널목 이르니 파란 신호등 켰다.
역에 도착하니 전철이 도착한다.
출근하는 사람들로 만원이다.
앉았던 사람 후다닥 일어서 나간다.
자리를 차지하니 기분이 좋다.

소소한 행운들이 즐겁게 한다.
설계의 법칙이 다가와 보다.

억지로 미소를 지어 본다.
공중 화장실 거울 앞에서,
입꼬리를 천천히 올려 본다.
속으로 으으 하하하 하하하 웃는다.
밖에선 통화하면서 웃는다 믿겠지.
억지 웃음 계속 웃음을 불러온다.

웃음은 나를 즐겁게 한다.
오늘 하루도 즐겁겠지,
그래 그래 그러고 말고.
나는 하루를 설계한다.
기쁨이 흐르는 통로를 따라,
작은 행운이 이어지는 길목마다,
웃음을 심어 놓는다.

즐거운 하루를 살고자 새벽부터 출근한다. 내가 설계하는 대로, 하루를 만들고자, 설계의 법칙처럼! 신호등 앞에 이르니 파랑신호등으로 바뀌어, 빨리 건너간다. 출근 시간 때 여느 때가 바쁘게 가려는데, 전철이 와서 선다. 출근 시간이라 만원이다. 겨우 틈새를 비집고 서서, 앞에 앉았던 사람이 후다닥 일어서 내린다. 다른 사람이 끼어들 수도 없다. 할 수 없이 주인처럼 앉았지.
연달아 작디작은 행운이 다가온다. 작은 행운, 작은 다행이 순서대로 찾아오는 즐거움을 상상해 본다. 화장실 거울 앞에서 입꼬리를 올리는 상상! 소리내어 웃어 보는 상상! 실제로 즐거운 현실이 다가오는 느낌!
"긍정의 설계" 현실에 실제로 살아 움직이는 역동을 느낀다! ~ ~ ~

4 APR	火	水	木	金	土	日	月	火	水	木	金	土	日	月	火	水	木	金	土	日	月	火	水	木	金	土	日	月	火	水
	1	2	3	4	5	6	7	8	9	10	11	12	13	14	15	16	17	18	19	20	21	22	23	24	25	26	27	28	29	30

돈을 빌리지도, 빌려주지도 말라. 빚을 주면 돈과 사람을 둘 다 잃게 된다. 〈셰익스피어〉

또 다시 오늘의 긍정설계를 한다.

-새봄을 갈무리-

22

Saturday (토) Week 12
(2.23 庚寅) 물의날 81-284

3 March

서쪽방 침대에 누워
스며드는 빛을 더듬는다.
창 밖, 하늘의 전등불이 켜지고
봄이 어슴푸레 걸어 온다.

동쪽 거실로 발을 옮기니,
백목련 가지마다 하얀 말들이 되어있다.
겨우내 침묵하던 나무들,
약속 지킨다며 환히 웃는다.

봄은 한 번도 거짓말한 적이 없었다.
난 그 웃음 속으로 걸어가,
내 안에 봄을 갈무리 한다.

남은 날들이
늙은 가을이 되지 않도록
봄의 숨결로 살아가려 한다.

봄을 맞이하는 것, 젊은 사람과 늙은 이에겐 다른 감각이다!
젊은이에겐 여행과 새로운 감각이 다가오고, 늙은이는 생애 얼마나 많은 봄을 만날까!
봄은 젊음, 겨울은 늙음이라서!
서쪽방 침대에 누워서 독서를 한다. 창문으로 스미는 따스하고 밝은 봄햇살이 유난히 밝고 따뜻하다!
봄의 젊은 추억들이 주마등처럼 스쳐간다.
인생은 쉼없이 달린다. 봄을 잡고 싶다!

동쪽 거실로 나온다. 바람결에 백목련 봉우리가 하얗게 하늘을 향해 뾰족뾰족 솟아서 봄을 노래한다.
저 봄을 꽉 붙들어 가슴속에 갈무리해 두고 싶다. 어제보다, 아니 아침보다 더 하얗다. 청계천 산수유, 종로공원에도 봄의 경기 금메달을 빛내고 즐거운 모습!
번져 피면 먼저 지는 인간꽃은 일생 한 번의 봄인데! 자연은 아니지! 부럽다! 자연의 봄이! "새봄을 갈무리"해 보지만 잠시다!

3 MAR 1 2 3 4 5 6 7 8 9 10 11 12 13 14 15 16 17 18 19 20 21 22 23 24 25 26 27 28 29 30 31

怒蹴巖(노축암) 분을 참지 못하면 오히려 자기 몸을 해치게 됨.

-극진 극보수들의 선동-

코로나19가 창궐한 사이,
사람들은 화들짝 깨어나,
서로의 목소리를 쏟아낸다.

자기만 옳다 하고,
남은 틀렸다 하고,
누구와도 발 맞추려 하지 않는다.

같은 눈으로 보면서도,
다른 잣대로 가르고,
편향된 확신 속에 갇혀,
자기만 옳다고 외쳐댄다.

온 나라가 소음에 갇히고,
코로나19 마스크를 벗자 마자,
한쪽의 깃발이 세워진다.

언제쯤,
이 소리도 바이러스처럼 사라질까.
언제쯤,
화합의 목소리가 들려올까.

정말 안타까운 선동의 정치,
언제쯤 멈출까,
서로를 헐뜯는 저질이는 나라 꼴!

조계사: 발우공양 가서 점심을 먹고
돌아온다. 영주 보살을 오랫만에
만났다.
하림와 셋이서 절 근처에 유명한
카페에서 커피를 마신다.
커피값 얼마 안되는 돈이 오래
닫힌 마음을 활짝 연다.
커피만 마시는 게 아니다, 오
랜 우정을 나누는 것!
술을 마시는 사람은 술로,
영주 보살은 아들 둘을 잘 키
우고, 손자들도 기르고 있는
중이다. 이혼한 남편이 자꾸
기웃거린단다. 재산도 보호대
책을 마련하라 하니, 바람피
우고 이혼한 남편이다. 끝이라고
한 사람 무슨 염치 일까!

4	火	水	木	金	土	日	月	火	水	木	金	土	日	月	火	水	木	金	土	日	月	火	水	木	金	土	日	月	火	水
APR	1	2	3	4	5	6	7	8	9	10	11	12	13	14	15	16	17	18	19	20	21	22	23	24	25	26	27	28	29	30

雷逢電別(뇌봉전별) … 잠깐 만났다가 곧 헤어짐.

1. 극보수 극진보들의 정치싸움처럼 나쁜 소리가 넘친다. 쯧쯧..

—허무하게 산 하루—

24

Monday (월) Week 13
(2.25 壬辰) 결핵예방의날 83-282

3 March

매일 산다는 건 연습인가,
오늘이 일생이라는 걸
또 잊고 말았나 보다.

길을 걸으며 무심코 본 풍경,
저것들은 왜 저기에 있을까.
나는 무엇을 보았나.
답을 찾지 못한 하루였다.

어떻게 사는 게 정답인지,
종일 물어도,
대답은 바람처럼 흩어진다.

보람된 하루를 각오했는데,
안갯속만 헤매고 말았구나.

창 밖의 정원에 하얀 나무가 오늘, 활짝, 엊그제만 해도 검으스레하던 백목련 나무.
맑고, 밝은 햇살이 너무 새하얗다. 겨우내 추운 날씨를 이겨낸 백목련의 당당한 표정! 자랑하는 백목련 나무 앞에서 주눅든 하루를 살아온 나의 오늘이 너무너무 초라하구나!
한낮에 만보 걷기 산책하고, 신문 읽고, TV 본 게 오늘의 전부가 화려한 백목련 앞에서 너무 초라해 보인다!
"허무하게 산 하루"가 도저히 용서가 되지 않는구나!!! ~~~.

08
09
10
11
12
13
14
15
16
17
18
19

3	土	日	月	火	水	木	金	土	日	月	火	水	木	金	土	日	月	火	水	木	金	土	日	月	火	水	木	金	土	日	月
MAR	1	2	3	4	5	6	7	8	9	10	11	12	13	14	15	16	17	18	19	20	21	22	23	24	25	26	27	28	29	30	31

비결합 가격 개별 소비자가 원하는 사항을 선택하여 해당 비용만 지불하는 것.

정원엔 백목련이 제일 먼저 하얗게 웃고,
청계천엔 산수유가 노랗게 웃는다.
오동나무는 느지막이 눈을 뜨고,
각자 순서 따라 움직인다.

물은 아래로 흐르고,
바람은 결대로 불고,
해는 뜨고 지며,
모든 것이 자기 때를 따른다.

인간은,
시간을 거스르고,
질서를 어지럽히고,
서로를 할퀴며,
만물의 영장이라 자칭한다.

누가 가장 어리석은가?
아둔함의 금메달은,
언제나 인간차지다.

새벽에 거실로 나오니 백목련이
하얗게 웃는다, 어제처럼!
종묘공원 청계천 둑길의 산수유
노란 이빨 드러내고 웃는다.
담쟁이덩굴은 아직도 겨울잠에서
깨어나지 못하고 쿨쿨!
꽃추위가 숨어버리니 봄향기가 갑
자기 넘치는 느낌이다!
물은 여전히 순리따라 흐르고,
바람은 푸릇하게 잠이 깨는
수양버들 가지를 흔들어댄다.
해는 뜨고 지고, 구름은 달과
해를 흔들고, 넘으며 장난질
하며 지나간다.

헌법재판소 앞에 서로를 할퀴고 할퀴는 소리가 요란하다.
윤석열 대통령의 기각이든 찬성이든 빨리 결론을 내리면 좋
겠다. 이쪽치 저쪽치 상처지 말고 속히 결론을 내리면 좋겠다, 법
리대로. 인간의 다툼, 다툼의 칼끝을 숨긴 사람! 진영싸움이
정말정말 지겹다! 어리석은 존재 "인간"이다 정말!! ~~

累卵之勢(누란지세) 조금만 건드려도 무너질 것 같은 위험한 상태.

26

Wednesday (수) Week 13
(2.27 甲午) 85–280

3 March

봄이 왔다고 느껴지는 순간은 언제인가요?

—흙탕물 싸움—

흙탕물이 튄다.
누가 먼저 뿌렸는지 모른다.
깨끗한 자도,
더러운 자도,
모두 같은 색으로 변해간다.

나쁜 놈,
악질인 놈,
선한 놈,
그 이름들이 흐려져간다.

기둥이 흔들리자,
깃발 서로 다른 방향을 가르킨다.
하늘엔 먹구름이 가득하고,
앞이 보이지 않는다.

흙탕물은 흘러가야
맑아진다는데,
이 물길은 어디로 가는 걸까.
누가 치료해 줄까.
누가 남아 있을까.

허리 펴고 살자 하늘을 쳐다 본다.
먹구름만 신나게 깔깔대한다.

안국역 근처를 지나간다.
태극기, 성조기를 들고서 마이크로
떠들어 댄다.
자기만 옳다는 발악, 지나는 행
인들 같은 뜻이면 기분 좋고, 반
대쪽 생각이면 화가 부글부글!
누가 이렇게 만들었나, 흙탕물
싸움질의 원인 제공자는?
참으로 한심한 싸움이, 전쟁을
하는 나라도 있다. 같은 나라
민족끼리는 한뭉치로 마음이 나
라를 지키며 죽어 가면서도, 목
숨을 바쳐가며 지키는데!
한 나라의 백성끼리, "흙탕물 싸움"
바라니 어처구니 없는 나라꼴!
권력 야욕이 흙탕물 싸움질 정
지겹고, 지겹다, 정말 정말!~~

3 MAR	土	日	月	火	水	木	金	土	日	月	火	水	木	金	土	日	月	火	水	木	金	土	日	月	火	水	木	金	土	日	月
	1	2	3	4	5	6	7	8	9	10	11	12	13	14	15	16	17	18	19	20	21	22	23	24	25	26	27	28	29	30	31

Friendship that flames goes out in a flash. 〈T. Fuller〉

-꼴보기 싫은 세상-

어둠속에서 환하게 웃는 것들이 있다.
제각각 다른 표정으로 피어나는 얼굴들,
노랑, 빨강, 연초록, 핑크빛—
어디 숨었다 이렇게 나오는 걸까.

너가 웃으면
나도 웃고
우리가 함께 웃는데,
흘러가는 개울이 덩어리를 던지며
아우성의 가락에 봄꽃을 쫓는다.

싸움소리 피해 청계천을 걷는다.
소리를 따르는 냇물,
겸손히 몸을 낮추는 수양버들,
노랗게 웃어주는 산수유,
반갑게 맞아주는 얼굴들.

싸움소리에 놀라 도망갈까 두렵다.

08 귀마개,
09 눈마개,
10 생각마개,
11 마음마개,
12 꼭꼭 막고서,
13 난 외로운 산책으로 위로 한는다.

청계천 산책길엔 하얀, 노랑, 빨강,
연두색 꽃들이 웃으며 반긴다.
수양버들의 겸손함, 냇물의 소리를
따르며 흐르는 모습들!
인간을 훈계하는 모습이다.
여기 저기서 떠들어대며 자기만
옳다는 소리만 질러대는 인간사
회완 너무 대조적이다.
TV 뉴스, 신문, 광장서 떠들어
대는 소음을 잠시 멀리하고 산
책하는 아침시간이 조금은 위안
이 된다!
언제쯤 시끄러움을 벗어날수
있을까!
이쪽 저쪽 편가름의 싸움질이 지
14 겹고 지쳤다.
15 윤석열 대통령이 계엄선포 후 지지
16 자들의 편가름이 벌어지는 현
17 모습이 됐다. 양보없는 싸움질!
18 "꼴보기 싫은 세상"이 언제쯤 사라지려
19 나! ~ ~ ...

4	火	水	木	金	土	日	月	火	水	木	金	土	日	月	火	水	木	金	土	日	月	火	水	木	金	土	日	月	火	水
APR	1	2	3	4	5	6	7	8	9	10	11	12	13	14	15	16	17	18	19	20	21	22	23	24	25	26	27	28	29	30

불타오른 우정은 쉽게 꺼진다. 〈T. 풀러〉

—잔인한 새봄—

28

Friday (금) Week 13
(2.29 丙申) 서해수호의날 87-278

입술을 붉히는 꽃,
꽃다움은 젖빛의 꽃,
핑크빛 웃음을 머금은 꽃,
온 얼굴은 하얗게 바른 꽃.

백목련처럼 봄을 감추고,
수양버들 아래 푸르게 숨어,
봄은 넌지시 새초롬히 피어난다.

봄이 흩은 빛살로,
날려간 낯은 징소,
봄빛으로 가면을 쓰고—
본색은 지워지고, 껍데기만 남아
좋았다.

서로 더 빛나겠다고,
눈부심을 겨루는 거리,
남의 빛은 못 보고
제 환한 얼굴만 비추느라
더 요란해진 새봄.

교만한 세상이 역겨워,
진짜 봄마저 도망칠까,
겸손은 어디에 숨어 있을까.

여인네 동네,
한정재 한초 앞에,
화장한 얼굴들이 봄꽃에 누볐을
부벼댄다.

의성산불이 4,5일 계속, 구례, 지
리산… 등 산불이 연일 불탄다.
헬기로 산불 끄던 70대 조종사는
헬기 추락으로 사망. 비라도
쏟아지면 좋으련만. 연일 계
속 산불, 강풍까지 겹쳐서 며
칠은 번져서 마을도 불타고,
사망자 28명, 중상 8명, 경상 22명,
총 58명의 인명 피해, 진화대원이
4명 사망. 연일 뉴스가 너무 슬
프다. 인터넷엔 가짜 뉴스는 중
국 간첩이 불을 지른다는 터무
니없는 가짜 뉴스. 그것을 믿
으며 흉악한 댓글을 다는 괴물,
총선 때 중국서 부정선거를 퍼트렸
던 인간처 사악꾼, 참 더럽다!

3 MAR 1 2 3 4 5 6 7 8 9 10 11 12 13 14 15 16 17 18 19 20 21 22 23 24 25 26 27 28 29 30 31

A man cannot be said to succeed in this life who does not satisfy one friend. (H. D. Thoreau)

"잔인한 새봄을 만난 현실이 참담하고 참담한 현실!!~

짐을 챙긴다
이것도 필요할 것 같고
저것도 없으면 안 될 것 같아

자꾸자꾸 넣는다
가방은 점점 무거워지고
어깨는 기울어 진다

떠나야 한다
오늘도 내일도
비틀거리며 걸어간다

가벼운 여행이면 좋겠다
짐을 버려야 하는데
버릴 수 없는 것만 남아 있다

늘 만나도 새로운 사람,
늘 새로운 인생살이로 여행한다.

세풍 누님, 생명줄로 수명연장하시는 누님이 돌아 가시려나 느낌이 자꾸 든다. 아내도 엊그제 꿈을 꿨다고. 갑자기 오성이 생질이 전화 어머니가 돌아 가셨다고. 포천 쪽에 꽤 먼 곳에 병도 생질이 모시고 사는데. 재작년 7월에 아들들과 아내와 보러 갔는데. 살아 계시지만, 요양 병원 침대에 누어서 생명줄, 콧줄을 끼어 놓았다. 사람도 알아 보지 못하는 모습이 너무 안쓰러운 생각. 생명 연장 아무런 의미가 없어 아파하였다. 인생여행을 마지막 떠나는 현실이 서글프다. 수명 101세까지만 고생만 하시던 조카만 걱정 하고 가신게 안타깝다. 조카들, 사위들, 손주들 모두 돌아오는 인생여행길 황망하다. 좋은 생명으로 몇년을 사시다가 가시는 모습이 없었나 좋은 삶을 살아 온게 안타깝다. 유비 참, 명복을 빌며 인생여행 완주를 하고 돌아온다!

4 APR	火	水	木	金	土	日	月	火	水	木	金	土	日	月	火	水	木	金	土	日	月	火	水	木	金	土	日	月	火	水
	1	2	3	4	5	6	7	8	9	10	11	12	13	14	15	16	17	18	19	20	21	22	23	24	25	26	27	28	29	30

—부족이 더 풍족—

30

Sunday (일) Week 13
(3.2 戊戌) 89–276

3 March

지갑을 꼭 챙겨야 했던 날들이
있었다.
첨단의 사회가 지갑을 집어삼켰다.
내 손안 전화기가 비서가 되어,
손가락 끝만 스치면 모든 일 맡았는구나.

지갑은 불편하다며 스스로 도망쳤고,
손바닥 위 비서는 척척 모든 걸 해준다.

편리하다.
고맙다.
좋은 세상이다~~~
익숙한 말들이 헛소리처럼 떠다닌다.

지구를 내려다보는 태양이 생각보다
많이 자랐다.
만물의 지갑도,
화폐도 숨어버리고,
아라비아 숫자만 공중을 떠다니는
세상.

고마움이 넘쳐 고마운 줄 모르는 인간들.
너무 풍족해서 풍족을 모르는 인간이 되고
말았다.

아내의 생일 축하의 날.
아들 내외, 며느리, 손주들
11명의 가족 축하 모임.
한성대 지나서 성신 여대
앞. 오랜만에 버스를
탄다. 회식당, 가족 모임의 첫
째는 식사가 우선이다.
두어시간 동안 먹고, 마
시는 즐거움, 집으로 돌아
와서 윷이자 축하 파티
이벤트 놀이. 어른도 아이
들 수준에 맞춰 놀아준다.
신문지 속에 싼 1000원
짜리 놀이. 보물찾기와 비밀
종이 찾기, 아이들이
과자를 만들어 왔
다. 재미 있는 가족 모임이 즐거웠다, 아내의 생일
축하 게임에 흥분. 좋아서 선물 내려서 해보던 심정
은 잠시 비웠다, "부족이 더 풍족" 코드로 즐거움이 있음!

3 MAR 1 2 3 4 5 6 7 8 9 10 11 12 13 14 15 16 17 18 19 20 21 22 23 24 25 26 27 28 29 30 31

多岐亡羊(다기망양) 학문의 길이 다방면이어서 진리를 깨치기 어려움.

— 발심(發心) —

나는 매일 기도한다
나의 말이 나를 넘어설 때까지

기도는 안에서 밖으로 흐르고
믿음은 밖에서 안으로 스며든다

소원이란 처음부터 내 안에 있었던 것
다만 그것을 꺼내어 빛을 보는 일

나는 오늘도 나를 향해 기도한다,
기도는 나이므로.

왼쪽 무릎이 뻐근하고 불편해서 매일하던 새벽 108배도 어제도 오늘도 접는다.
걷는 것도, 다리를 움직이는 것도 기도하는 심정으로. 기도를 한다.
아침식사 하고 조심스럽게 기도하는 자세로, 마음으로 물리치료 하는 심정으로, 간절한 발심으로 하루를 시작한다!
오늘의 새벽산책은 무릎치료다. 물리치료사의 본업을 행한다. 침을 놓는다. 간절한 기도하는 심정으로, 발심을 한다!
조심스럽게 치료하는 산책을 마치고 돌아오니 무릎의 불편함이 사라진 느낌이 든다. 집에서 하루를 지내는 건 물리치료를 하는 하루의 삶이었다! 묵자 님의 부엌에 쌓인 번뇌를 보면서 기도하는 맘으로 걷는다.
"발심"이 간절한 하루의 삶, 기도의 하루, ...
무릎이 빨리 나았다! 매일 기도하는 심정으로 집중의 삶을 이어가련다! ...

4 APR	火	水	木	金	土	日	月	火	水	木	金	土	日	月	火	水	木	金	土	日	月	火	水	木	金	土	日	月	火	水
	1	2	3	4	5	6	7	8	9	10	11	12	13	14	15	16	17	18	19	20	21	22	23	24	25	26	27	28	29	30

미닝아웃 소비 행위 등을 통하여 개인의 신념이나 가치관을 표출하는 것.

2025년 4월

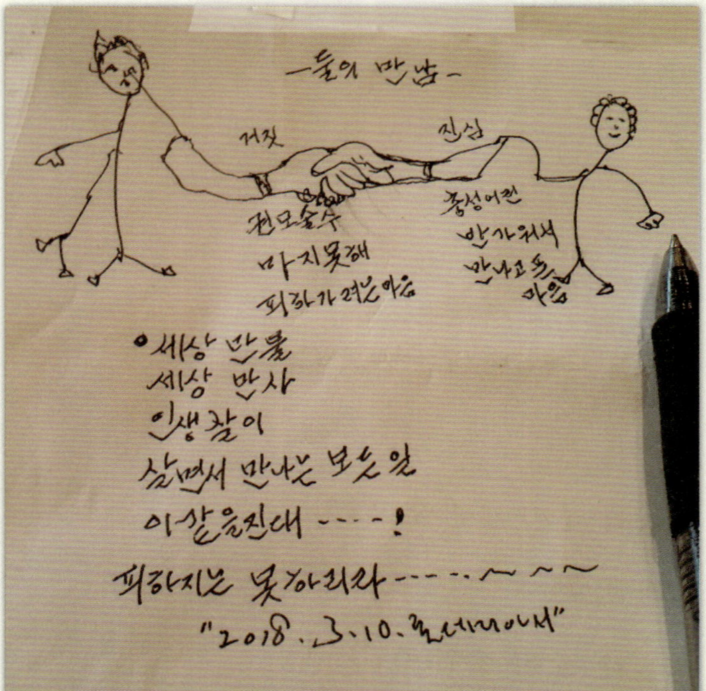
—둘의 만남—
거짓
진실
권모술수
마지못해
피하가려는 마음
충성어린
반가워서
만나고픈 마음
세상 만물
세상 만사
인생살이
살면서 만나는 모든 일
이같을진대----!
피하지는 못하리라----~~~

2025 —뉘우침 없는(政局) 정국—

Week 14 **Tuesday** (화)
91–274 수산인의날 (3.4 庚子)

1

비가 내린다.
내리지 말고 오면 좋겠다.
오는 속에 가는 의미가 존재하기에.
아우성치는 폭우가 아니라,
소리없이 스며드는 빗물이면 좋겠다.

누가 이 폭우를 불러왔을까.
성난 민심이 허공을 찢고.
부서지고 무너지는 풍경 속에,
또다시 난장판이 펼쳐진다.

비가 내리지 않고 오면 좋겠다.
내리는 것은 곧 스며드는 것.
사람으로 얼룩진 날들.
언젠가는 사라지겠지.

살갗의 상처는 언젠가 아물고 흉터만
남고,
08 고통은 흐려지겠지.
09
10 그러나 원인 제공자는
11 여전히 잘못을 모른다.
12 그치지 않는 폭우처럼
13 멈추지 않는 시대의 아픔이
쌓여서 깊어지는 것만 같다.

진보와 보수.
극진보와 극보수.
싸움판의 정국을 만든 사람은
말꼬리만 잡고서 계속 양쪽의
싸움만 바라는 꼴이 정말 서글
프기만 하다.

기도하는 마음으로 새벽
108배를 하고, 기도하는
정성으로 오늘의 산책을
하고, 청소하는 것도 기도
하는 신심과 정성을
14 함께해서 하루를 산다.
15
16 하지만 뉴스채널엔 자기
17 주장만 하며 온나라가
18 편가르기 사태가 추하고
19 요즘은 국가가 "뉘우침 없는
정국"이 딱이다!~

4	火	水	木	金	土	日	月	火	水	木	金	土	日	月	火	水	木	金	土	日	月	火	水	木	金	土	日	月	火	水
APR	1	2	3	4	5	6	7	8	9	10	11	12	13	14	15	16	17	18	19	20	21	22	23	24	25	26	27	28	29	30

膽大心小(담대심소) 배짱은 크게 갖되 주의는 세심하게 가져야 함.

-공정마음 한 컵-

주고 받는 웃음은 공짜다.
억지로라도 웃어 보면,
마음 한 조각에 햇살이 스며든다.
남의 말에 웃는 건 바람같이 스치는 웃음.
자신의 내면 보고 웃는 건 진심이 솟아나는 진짜 웃음.

우울한 사람 만나면,
웃음 한 컵 살짝이 부어준다.
봄날 낙숫 촉촉하게,
백목련이 하얗게 피어나는 얼굴이 된다.

웃음을 주면,
어느새 배가 되어,
되돌아 온다, 따스한 손길처럼.

네가 웃으면 내가 웃고, 우리가 웃는다. 좋은 일이 없어도 웃으면 따라 웃게 된다.
웃기 힘든 세상, 웃음이 없는 세상.
서로 악의 눈으로, 마음으로 노려보는 패악질이 가득한 세상.
누가 이렇게 만들어 놨는가!
온 나라안을 이꼴로 만든 주범은 반성은 커녕 자기편만 부추기고.
역사 이래로 온나라 안을 이렇게 편 가르기를 만든게 처음이겠지!
탄핵이든 기각이든 법리의 판단대로 끝내면 좋으련만!
이쪽저쪽 신경 쓰지말고 조용히 기다리고 싶지만 서로 옳다는 함성, 상대를 협박질하는 꼴들.
자기 옳음만 주장하는 정치가들 정말 꼴불견!
"공정마음 한 컵"으로 웃음을 만들 수는 없을까!!! ~ ~ ~

4 APR	火	水	木	金	土	日	月	火	水	木	金	土	日	月	火	水	木	金	土	日	月	火	水	木	金	土	日	月	火	水
	1	2	3	4	5	6	7	8	9	10	11	12	13	14	15	16	17	18	19	20	21	22	23	24	25	26	27	28	29	30

Character fashions fate. 〈Cornelius Nepos〉

본다.
실체를 정확히 봐야 한다.
명확히 사실을 봐야 한다.

눈이 볼 때 빛이 있어야 하고,
마음빛을 크게 쓰고,
보아야 한다.

넓은 눈,
밝은 눈,
뇌 속에 저장된 빛을 보기로,
보다.

같은 사안,
각기 다르다고 우겨댄다.
왜 그럴까?
미숙한 인지력 지닌 인간이기 때문이다.

08 성숙은 그러지 않을 거라 생각된다.
09 서로 입으로 오염하며,
10 아집만 내뿜는 인간.
11
12 보는 관점이 삶을 좌우한다.
13

헌법재판소의 대통령 탄핵 선고일이
내일. 탄핵이든 기각이든 법의 전문
가들의 결론을 기다려야 하는데,
여당, 야당 지지자들이 시위하며 막
말을 해대며 내뱉어내는 소리.
빨리 내일이 왔으면 좋겠다.
어쩌다가 나라꼴이 이렇게 됐나!
정말 정말 몸서리쳐지도록 지겹다.
내 것은 옳고, 네 것은 틀리다!
진영논리의 시끄러움!
물고 뜯으며 계속 말싸움만 하
다 보니 주책이 전소된 현실!

14 17"실체를 보는 눈"을 쓰고 확
15 그러니, 증편향성 높이 취한
16 정확히, 사람들 세상 깨어나라!
17 명확히,
18 진실을 보기 위해, !!~~~...~
19 마음눈을 크게 떠야 한다.

5 MAY	木	金	土	日	月	火	水	木	金	土	日	月	火	水	木	金	土	日	月	火	水	木	金	土	日	月	火	水	木	金	土
	1	2	3	4	5	6	7	8	9	10	11	12	13	14	15	16	17	18	19	20	21	22	23	24	25	26	27	28	29	30	31

성격이 운명을 결정한다. 〈코르넬리우스 네포스〉

-한개 속의 정의-

4

Friday (금) Week 14
(3.7 癸卯) 청명 · 예비군의날 94-271

4 April

수천만의 사람이,
수천만의 마음을 품고,
수천만의 다른 언어로,
자신의 "옳음"을 말한다.

생각도,
마음도,
정신도,
믿음도 각각 다른 인간들-
낳으며 애써도,
끝내 같을 수는 없는 인간들.

그러나 그 다름 위에,
갈등의 깃발을 꽂으려 애쓴다.
정치의 언어로,
권력의 욕망으로,
타인을 끌어당기려 안간힘이다.

08 법은 인간이 만든 잣대-
09 그마저도 늘 흔들리고,
10 소신은 말하나 침묵이 많다.
11
12 무엇이 정의인가.
13 묻는 순간,
우리 안 [illegible] 들었나.
불완전한 [illegible] 걸음.
[illegible] 정의.

윤석열 대통령이 헌법재판관 8명
전원이 파면으로 결정된 날.
서로 옳다고, 상대방을 그르다고
질타를 하고 편가르기 싸움이
일삼은 끝.
헌재의 결정이 법리적으로 끝났는
데도 승복 않고, 억울하다고, 옳
은 쪽을 비난해대는 꼴이 되
었다. 끝끝내 자기 주장이 옳
다고 확증편향심의 병적인
증상을 나타내는 사람이 많다,
한개는 관한 생각인데 "한개
속의 정의"에 함몰된 사람을
14
15 어찌할꼬!~~
16
17 정의란 정말 있는 걸까.
18 그저 각자의 믿음이,
19 자기 확신만 정의라 믿는 인간들.

4 APR	火 1	水 2	木 3	金 4	土 5	日 6	月 7	火 8	水 9	木 10	金 11	土 12	日 13	月 14	火 15	水 16	木 17	金 18	土 19	日 20	月 21	火 22	水 23	木 24	金 25	土 26	日 27	月 28	火 29	水 30

One of the great disadvantages of hurry is that it takes such a long time. ⟨G. K. Chesterton⟩

- 반성없는 청맹과니 -

높은 곳이 좋아,
기어이 올라가려 안간힘 쓰고;
같은 높이에서도,
더 좋은 자리를 놓고 다투었다.

자리는 곧 자랑이 되었고,
자랑은 거만으로 부풀어,
낮은 곳에 있는 이들을
눈길 한 번 없이 지나쳤다.

그리하여
제 빛에 눈이 멀고,
제 그림자에도 넘어져,
하루 아침에 나락으로 떨어졌다.

그제야
자신이 아무것도 보지 못했다는 걸 안다—
남도,
자신도,
아무것도 보지 못한 채,
좋은 자리에서 즐긴 반쪽의 세월을,
눈먼 채로 살아왔다는 것을.

거울 앞에 서서야 깨닫는다.
그 모든 순간을, 나는 철저하게
잃었음을.

매일 쏟아내던 양 진영의 격앙된 목소리가 사라져 조용하다.
한쪽의 극치의 지지자들, 반대자들의 웃내음은 언제도 조용해졌다.
반성하고 있을까. 윤석열 전 대통령은. 하긴 뻔하다. 주먹 불끈 쥐고 지지자들을 향하던 모습 그대로겠지. 3년 가까이 누린 권력의 단맛만큼 세월의 쓴맛은 혹독함 조금 알겠지!
"반성없는 청맹과니"가 절대 되지 않았으면 좋겠다!

5 MAY	木	金	土	日	月	火	水	木	金	土	日	月	火	水	木	金	土	日	月	火	水	木	金	土	日	月	火	水	木	金	土
	1	2	3	4	5	6	7	8	9	10	11	12	13	14	15	16	17	18	19	20	21	22	23	24	25	26	27	28	29	30	31

성급해서 입은 큰 손해는 시간이 더 든다. 〈G. K. 체스터턴〉

—채우고픈 삶—

새벽 세시,
잠보다 먼저 깨어나는 바쁨.
없는 일을 만들어 채우고,
일보다 시간을 더 앓아간다.

시간이 먼저 달아나고,
남은 일이 나를 꾸짖는다.

시간과,
일과,
나 자신과,
매일매일 치열하게 싸운다.

오늘은,
이기자며 다짐했지만,
하는 새 해는 숨어버리고
하루는 또 나를 앞질러 간다.

해서, 일 다 하고 세상 떠난
사람 없다는 말이 있는가 보다.

오늘도 이른 새벽에 잠이 깼다. 망설이다가 시간이 아까워 거실로 나왔다. 매일하는 108배를 하고서, 정신을 가다듬으니 정원의 하얀 백목련 꽃이 웃는다. 앵두나무도 전신이 하얗다. 모진 겨울을 이겨낸 승리의 표징.
아차! 나도라는 단어가 선명하게 나를 깨운다.
오늘을 보람되게, 가득 채워 기쁨을 느끼는 하루를 살고픈 마음이 솟구친다.
많은 사물을 읽고, 새로움을 깨닫고, 꽉꽉 채우고 싶은 욕망이 새벽의 나를 깨웠지만, 오랑간 태양이 허탈감을 뿌리고 가버렸구나! 시집을 읽고, 신문을 읽고, 또 사색하고, 명상하며 배운다고 채웠는데 허전함이 느껴진다. "채우고픈 삶" 언제나 허기만 남기고 떠나는가 보다! 일 다하고 저세상 간 사람 하나도 없다는 생각이 절실하다!

4 APR 火 1 水 2 木 3 金 4 土 5 日 6 月 7 火 8 水 9 木 10 金 11 土 12 日 13 月 14 火 15 水 16 木 17 金 18 土 19 日 20 月 21 火 22 水 23 木 24 金 25 土 26 日 27 月 28 火 29 水 30

大同小異(대동소이) 미세한 부분은 다르지만 큰 줄거리는 거의 같아 큰 차이가 없음.

—인간이 만든 가짜 봄—

산수유는 노란 얼굴을 내밀고,
목련은 하얗게 봄을 내세운다.
벚나무 하얀 이빨 사이로
연둣빛 웃음소리가 번진다.

정원은 평화롭고,
햇살은 졸음을 깨우고,
이제는 괜찮다며,
새로운 계절이 왔다고 말하지만.

멀리 여의도 골목 어딘가에선,
총성을 숨긴 듯한,
섬뜩한 소리가 들려온다.
서로를 찌르며,
자기 말만 외치는 먹구름들.

생각하고 또 생각해 봐도,
봄이 왜 이렇게 아픈지.
희망은 왜 구겨져 왔는지.
이해할 수가 없다.

하늘을 올려다 본다.
햇살이 보여야 할 자리엔,
날카로운 먹구름이 섬뜩하다.
따뜻한 인간의 봄은 언제 오려는지.

봄은 왔는데 인간 사회엔 봄기운이 없다! 윤대통령 탄핵은 법리로 결정했는데 지지자들, 반대자들의 여론전은 더 심해진다.
봄이 오면 꽃이 피고, 열매가 맺는 게 자연의 이치인데 인간 세상은 언제쯤 봄이 오려나!
교회 신자들을 광장에 끌어 모아서 세뇌시킨 게 잘못이라고 가스라이팅 시키고, 정말정말 서글프다!
새벽에 일어서 108배를 하고, 화단 보니 백목련 꽃, 앵두 하얀 꽃, 정겨운 수양 버들은 봄을 어김없이 내리고 있건만! 인간은 왜 이렇게 봄을 망가트리는지! "인간이 만든 가짜 봄이 지겹고 서글프다!"

5 MAY	木	金	土	日	月	火	水	木	金	土	日	月	火	水	木	金	土	日	月	火	水	木	金	土	日	月	火	水	木	金	土
	1	2	3	4	5	6	7	8	9	10	11	12	13	14	15	16	17	18	19	20	21	22	23	24	25	26	27	28	29	30	31

인포데믹 정보전염병. 잘못된 정보가 온라인 등을 통해 빠르게 확산되는 현상.

-활짝 열린 문-

8

Tuesday (화) Week 15
(3.11 丁未) 98-267

4 April

나에겐
문이 몇개나 될까.

열어주고 싶은 이 앞에선
조심스럽게 걸쇠를 풀고,
닫고 싶은 이 앞에선
철커덩,
잠가 버리는 문.

간사한 나의 문,
어떻게 관리해야 할까.

어쩔땐
내 뜻대로 열지도 못하고,
너무 쉽게 열었다가,
놀아서 후회도 하고.
닫으려다,
미련에 흔들리기도 하는 문.

이토록
내 문이 간사한 줄 몰랐다.

하지만 네가
조용히 내 문을 두드리던 날,
나는 망설임없이 너를 맞이했지.

네 문 또한 나를 반기며,
활짝 열리던 그 순간—
서로 드나들 수 있는,
하나의 문이 되었지.

그래,
잠그지 않은 문이 많아지면 세상도,
조금 더 따뜻해지지 않을까.

문을 열고 봄꽃이 활짝 핀 풍경을
보며 살고 싶다.

오늘은 내 문을 열지 못했다, 안 했다. 나는 꽃처럼 나만 열고 닫으며 하루를! 청계천 산책길에, 중년 여인들이 입을 활짝 열고 지나가는구나! 유유히 흐르는 냇물과, 청둥오리, 백수구마을과 묵언 대화를 한다! 산책 마치고, 신문 읽고, TV 보며 꼭꼭 닫은 문! 그렇게 하루를! "활짝 열린 문" 하루도 쓸쓸하지 않은 문. 침묵, 묵언, 명상의 문이었다!

4 APR	火	水	木	金	土	日	月	火	水	木	金	土	日	月	火	水	木	金	土	日	月	火	水	木	金	土	日	月	火	水
	1	2	3	4	5	6	7	8	9	10	11	12	13	14	15	16	17	18	19	20	21	22	23	24	25	26	27	28	29	30

He that fears you present will hate you absent. (T. Fuller)

탄핵 찌꺼기 냄새

봄꽃은 피었고,
새싹은 돋아났고,
봄바람은 살랑거리는데도.

여기저기서 팍팍 뱉어내고,
겨울이 남긴 폐허 위에,
누군가의 입이 날을 세운다.

거리마다 쌓인 말의 찌꺼기,
미화원의 손길조차 부족하다.
탄핵의 그림자,
구겨진 신문처럼,
구석구석에서 다시 펴진다.

봄이 왔는데도,
누군가는 겨울을 살고,
누군가는 여름을 기다린다.

나는 알겠다.
계절은 날씨가 아니라,
냄새로 먼저 오는 것을.

울창한 여름이 오지 않는 걸까.

탄핵이 최종 헌법재판소의 만장일치로 인용의 결정이 됐는데도 가족이 무덤에서 눈물 흘리며 울고, 욕하고, 억울하다며 떠들고 다니는 돼지라들의 소리가 여기저기서 들려온다. 법리도 무시하며 옳다고 악쓰는 날카롭게 휘두른 현실. 선거를 빨리해서 대통령을 뽑겠다는 걸 이용하려고 있음이 섬뜩 더러워진다.
이쪽이든, 저쪽이든, 네편이든 나편이든 떠드는 모습이 정말 쓸쓸하구나!
아침 산책길, 청계천의 흐르는 냇물, 수양버들의 겸손한 모습

이 정치에선 설 자리가 없는 것 같다.
탄핵 찌꺼기 냄새가 진동하는구나!~

5 MAY	木	金	土	日	月	火	水	木	金	土	日	月	火	水	木	金	土	日	月	火	水	木	金	土	日	月	火	水	木	金	土
	1	2	3	4	5	6	7	8	9	10	11	12	13	14	15	16	17	18	19	20	21	22	23	24	25	26	27	28	29	30	31

당신을 두려워하는 사람은 당신이 없을 때 혐오할 사람이다. 〈T. 풀러〉

—적당함—

비는 너무 오래 머물면
강의 둑을 잊는다.
하늘이 내려준 선을 스스로 지운다.

사랑도 그렇다
마음이 넘치면
말이 길어지고
말은 때때로 뿌리째 뽑힌다

손은 손보다 앞서 걸을 때
사람을 지나친다
좋은는 때때로
빈자리보다 위태롭다

가족이라는 이름도
너무 가까이 부르면
예의의 그림자가 사라진다

자애도
사랑도
자비도
심지어 연정도

모든 것은
조금씩,
틈을 두고
숨을 쉴 여백이 있어야 한다
숨을 세우는
무너지지 않기 위함이 아니라
살기 위함이다.

기도는 모든 정성을 모아 자신의 소원을 비는 것이다.
사랑은 적당량이 필요하다.
아내는 매일 새벽 2~3시에 일어나, 아침 운동하고, 사찰로 간다. 오전 기도하고, 오후 기도 2시에 시작해서 집에 돌아오는 시간은 4시가 된다. 온 전신의 기력이 쇠다 빠진 모습이다. 가족애, 아들 딸 손주들을 위해 기도하는 건 좋지만, 기운이 다 빠지고, 지치는 모습이다. 모든 게 "적당함"이 좋은데. 아침에 매일 108배 산책하며 낮엔 쉬지만 하는데, 체력을 아끼며 조절해야함을 느껴라. 매사에 "적당함"으로 조절해야!

4 APR	火	水	木	金	土	日	月	火	水	木	金	土	日	月	火	水	木	金	土	日	月	火	水	木	金	土	日	月	火	水
	1	2	3	4	5	6	7	8	9	10	11	12	13	14	15	16	17	18	19	20	21	22	23	24	25	26	27	28	29	30

He is great who is what he is from nature and who never remind us of others. ⟨R. W. Emerson⟩

2025 —내가 쓰는 나의 말—

Week 15 **Friday**(금)

101–264 임시정부수립기념일 (3.14 庚戌)

11

휴식을 즐기는 당신만의 방법은 무엇인가요?

참새떼가 짹짹,
분주히 쏟아내는 소리.
청계천 맑은 물결 따라 흘러드는 종성.
나뭇가지 흔드는 봄바람이,
좋아서인 줄 알았지.
허기진 배 움켜쥔 절박한 외침이었다니.
참새의 먹이 찾는단 대답에 등골이
싸해진다.
백두루미 찬물 속 사색에 잠긴 줄
알았지.
발이 시려워 교대로 세우는 안간힘이란다.

국회를 가득 메운 고함과 손가락질.
진실이라 믿었건만,
부끄러움이 뜨거운 피 되어,
그들의 얼굴에 피워낸 붉은 꽃이었다니.

절실한 남의 삶을,
난 얼마나 오독하며 살아왔을까.

나는 누구인가 묻기 전에.
네가 뭔데 감히 판단하니.
내 안의 잠 깨는 소리가,
심장을 쿡 누른다.

거울처럼 투명한 새벽.
마침내 내가 나를 응시하는 시간.
햇볕이 말없이 내 안을 쓸어내린다.
오늘 하루,
기꺼이 나를 깨우는 시그널이다.

새벽 산책 시간. 청계천 냇물은 흐르는 모습 속에 내가 잠겨있다. 그제야 내가 나를 본다. 내가 들어가지 않으면 제대로 보지 못한다. 짹짹거리며 날아다니는 참새떼, 속으로 들어가 보니 즐거움이 아니라, 배고픔의 먹이 찾는 소리란다. 백두루미 한 발은 물속에 한 발은 털 속에 묻고 꼼짝 않는 모습을 백두루미 사색, 명상인 줄 알았는데 백두루미 속으로 들어가 보니 발이 차가워 교대로 세우는 중이란다. 정치가들, 의원들, 진보들 격앙된 목소리로 나라를 위한 애국심이란다. "내가 쓰는 나의 말" 속에 진실된 소리가 숨어져 있구나!!!~ ~ ~

5 MAY	木	金	土	日	月	火	水	木	金	土	日	月	火	水	木	金	土	日	月	火	水	木	金	土	日	月	火	水	木	金	土
	1	2	3	4	5	6	7	8	9	10	11	12	13	14	15	16	17	18	19	20	21	22	23	24	25	26	27	28	29	30	31

자신을 지키면서 자기 속에 타인의 존재를 잊지 않는 사람이 훌륭하다. 〈R. W. 에머슨〉

12

Saturday (토) Week 15
(3.15 辛亥) 102-263

4 April

-반남과 이별의 하루-

침대와 이별하고
부스스한 잠을 이불에 남겨놓다
지친 소파는 말없이 등을 내주고
의자는 다리를 가지런히 모으고
앉아 있다

현관문 손잡이를 돌리며,
나는 또 다른 작별을 건넨다
대문은 뒤를 바라보지 않는다

거리는 모든 것을 맞이한다
가로수는 나를 기억하는 듯 잎을
흔들고
노랗게 화장한 민들레 발끝에서
웃으며 인사한다
수양 버들은 허리를 굽혀,
세상에서 가장 겸손한 인사를 한다
새들은 하얗게 웃으며 인사하고
아침햇살은 아무에게나 미소를
준다
모든 존재가 말을 거는 시간이다

그러나 사람들은
입술을 다문 채, 그림자처럼 지나간다.
눈길 한 줄 없는 마주침들 속에서
벙어리의 언어가 길 위에 떨어져 있다

나는 묻는다
이토록 많은 만남과 이별 속에서
어떻게 인사를 건너야 할지
어디 쪽에 마음을 두고
어디 쪽에 마음을 접어야 할지

오늘도 숙제처럼 남은 하루
나는 조용히 만남과 이별의 하루를
걷는다.

새벽 산책길 대문과 이별, 거리의 가
로수 푸른 손을 내밀며 인사한다.
동그랗게 예쁜 얼굴 노랗게 화장한
민들레가 반갑게 인사. 지나가는
사람들은 벙어리처럼 인사 없이 스
쳐간다. 산책은 나려와 누어서 쉬
고, TV 보고, 핸드폰과 놀고,
하루를 이별한다.
삶은 "만남과 이별의 하루"다. 매일을 비슷한 길을 걷고, 비
슷한 창공을 보며 살아간다.

4 APR … 2 … 6 … 8 9 10 … 月 14 火 15 水 16 木 17 金 18 土 19 日 20 月 21 火 22 水 23 木 24 金 25 土 26 日 27 月 28 火 29 水 30

桃源境(도원경) 사람들이 화목하고 행복하게 살 수 있는 이상향.

—처음을 처음답게—

처음이란 이름으로
수없이 지나간 날들,
학교의 문턱을 넘던 날도
어른이 된 듯 출근하던 날도
설레며 아침에 눈을 떠 보았던 날도.

하지만 처음을 처음답게 맞이했을까.
그저 또 다른 하루로 흘려보내진
않았을까.

처음이라 의식할 때,
순간은 빛을 머금고,
시간은 의미를 부여 받는다.

오늘도 처음처럼,
처음인 듯,
사랑을 배우고,
세상을 만난다.

이 순간이 다시 오지 않을
값진 처음이라서.....

가끔 만나는 가족이지만 처음 만나는 것처럼 생각하고 다시 찬찬히 보니 그 속에 처음 숨어 있다. 막내 아들이 [illegible] 큰 딸이 유독 많이 자란 것 같아 처음 같다! 자세히 살펴보니 정말 처음이 많다. 윤이 초등학교 2학년은 처음이다. 엄마가 데리고 가선 인형의 선물을 사 주었는데, 약간 얼굴이 삐뚫어진 것을 사겠다고, 예쁘고 잘 생긴 것 많은데 왜 꼭 이것을 고르느냐는 엄마의 말에 "내가 이것 안 사면 가져갈 사람이 없을 것 같아 산다고. 물건을 사는데도 너무 비싸다고 거절한다고. 돈도 엄청 아낀다고. 처음 듣는 얘기에 처음 다시 본다! 올곧게 자라는 모습을 처음 본 것이다. 잘한다! 윤아 칭찬을 해주고. 동생도 따라서 배울 테니, 든든하고, 좋다! 자라면서, 이렇게 "처음"으로 쑥쑥 뻗어 가는 나무가지처럼 올곧게 자라라고 "윤"에게 마음을 보낸다! "처음을 처음답게" 맞이하며 쑥쑥 자라거레이!!! ~^~

5 MAY
木 金 土 日 月 火 水 木 金 土 日 月 火 水 木 金 土 日 月 火 水 木 金 土 日 月 火 水 木 金 土
1 2 3 4 5 6 7 8 9 10 11 12 13 14 15 16 17 18 19 20 21 22 23 24 25 26 27 28 29 30 31

得能莫忘(득능막망) 사람으로서 알아야 할 것을 배운 후에는 잊지 않도록 노력해야 함.

14

Monday (월) Week 16
(3.17 癸丑) 104–261

4 April

— 인생레시피 —
외줄을 탄다.
발 아래는 깊고,
바람은 날카롭다.

운명은 손에 쥔 줄,
잡으면 길이 되고,
놓으면 낭떠러지.

숙명은 내 어깨 위 바람,
등 떠밀 수도,
지켜줄 수도 있는,
자율주행차 처럼 날린다.

구름이 몰려온다
비가 내릴까,
햇살이 들까,
숙명은 심술궂은 날씨다.

08 매일 걷는다.
09 줄 위의 하루를,
10 흔들리며,
11 떨어지지 않으려 안간힘 쓰며,
12 외줄타는 광대로 사는 인생사.
13

비가 올까, 오지 않을까,
우산을 들고 나갈까, 말까,
정해진 것 같은 하루지만 예기
치 못한 일이 생기는 것이 인생살이
인가! 날씨인가!
아침식사를 하다가 이빨이 쑥
빠진다. 작년에 이빨을 갈고,
임플란트를 양쪽에 박고, 앞이
빨 세개를 갈아서 씌운 게
빠졌다. 여름 날씨인데 추워서
외출시 따뜻하게 입으라는 기상
청예보에다 느닷없이 치과로 향
하는 운신의 제약있는 일들,
14 이게 운명도 숙명도 아닌 에
15 매한 사건 아닌 사소한 일!
16
17 "인생레시피" 속에 양념이라는 생
18 각으로 자연스럽게 받아들인다!
19

4	火	水	木	金	土	日	月	火	水	木	金	土	日	月	火	水	木	金	土	日	月	火	水	木	金	土	日	月	火	水
APR	1	2	3	4	5	6	7	8	9	10	11	12	13	14	15	16	17	18	19	20	21	22	23	24	25	26	27	28	29	30

숙명 운명 사이의 인생의 경계학.

슈링크노믹스 인구 감소로 경제 지표가 활력을 잃고 성장이 둔화하는 현상.

—순경과 역경의 조화—

고통은 뼈를 타고 걷고
안일은 소파의 쿠션에 몸을 묻는다
둘은 서로를 모른 척하지만
한 사람 안에서 늘 얼굴을 바꾼다

고생은 신발을 갉아 먹고
행복은 창밖의 햇살로 빌려온다.
둘은 어쩌다 마주칠 때
서로가 없으면 불완전하다는 걸 안다

웃음은 울음의 옆자리에 있다
같은 입으로 다른 소리를 낸다
슬픔은 웃음의 그림자를 잡고
내 마음속을 길게 지나 간다

나는 산만한 하루의 끝에서
무엇이 진짜였는지 자꾸 묻는다
이쪽의 고통이 저쪽의 안일을 비추고
고생 끝의 웃음이
08 슬픔의 깊이를 품고 있었는지
09
10 삶은 언제나
11 그 반대편의 문을 열며
12 내게 말을 건다
13 "너는 지금, 어디에 서 있니?"

60대 후반의 세 여인이 눈 앞에 있다. 역경과 순경을 교차로 걸어 온 이들이다, 나도 그렇지! 맑은 날만 있는 게 아니고, 흐린 날, 폭우, 눈보라가 교차로 지나 와서 이제 70대를 맞이할 준비, 준비가 없으면 놓치고, 준비를 하면 조용히 만난다. 결혼을 두 번 하고도 혼자 사는 여인도, 밝음과 어둠을 교차로 만나고 온 분도, 나이 든 아들 결혼을 하지 않아 걱정에 휩싸인 분도. 내 나이 20대 때 만났던 어머니들의 따님들이다.
14 아흔이 훨씬 넘어서 금년, 작년에
15 떠나 가신 분의 따님들을 대하니
16 만감이 교차한다. 인생의 삶의
17 상담을 해주고 보내는 뒷모습들에서
18 세월의 그림자가 어른거린다, 지난 세월의 "순경과 역경의 조화"가 온몸에 있는 지난 세월의 흔적이구나!

5 MAY 木 金 土 日 月 火 水 木 金 土 日 月 火 水 木 金 土 日 月 火 水 木 金 土 日 月 火 水 木 金 土
1 2 3 4 5 6 7 8 9 10 11 12 13 14 15 16 17 18 19 20 21 22 23 24 25 26 27 28 29 30 31

亡子計齒(망자계치) 이미 지나간 쓸데없는 일을 생각하고 애석히 여김.

— 희한한 귀 —

법꾸라지들,
법기레기들,
언론기레기들,
유튜기레기들,
입법기레기들,
거짓의 합창을 들으며 자란 것들.

혀로 칼을 갈고
입으로 불을 질러
세상을 뜨겁게 한다.

시끄럽다,
시끄러워,
귀청이 터질 정도로 시끄럽다.

진실은 저 멀리서
길을 나서고 있는데
거짓은 이토록 목청이 크다.

자기 말만 진실이라 우겨대는 귀,
남의 말은 미처 듣지 못하는 귀,
그 귀에 고막 대신 거짓이 박혀 있고,
그 심장에 진실이 삭제되어 있다.

희한한 귀를 달고 사는 이들이여,
과연 무엇을 듣고,
무엇을 외면하며,
무엇을 기억할 건가.

(주) 오대양 주식회사, 사장 박순자. "꼬리에 꼬리를 무는 그날 이야기" 란 제목의 TV 방송을 보다. 30여 전의 사건이다. 81명의 직원이 다단계식 금전 대출하면서 시작한 사업이다. 이자를 30%~40%, 아파트 하나에 15,000,000원 하던 시절에 5억을 투자. 아들, 딸, 사위, 5명이 직원. 돈을 빌려 모았으니 [illegible], 어머니가 돈 찾으러 갔는데 두들겨 맞고, 재판 포기 각서까지 쓰고. 결국 사장 박순자는 사이비 종교 교주. 31명을 교주가 가스라이팅해서 자살을 했다. 남의 말은 듣지 않은 "희한한 귀"를 지닌 인간. [illegible] 지 않은 [illegible] 과 서로의 [illegible] 지옥 [illegible] 지옥!!!~

Disclaiming against pride, is not always a sign of humility. (B. Franklin)

냇가에는
수양버드나무, 느티나무,
조팝나무가
물가의 침묵을 따라 늘어서 있다.

참새떼는
짹짹짹, 짹짹, 짹—
숲 사이로, 빈 하늘으로
오르내리며 평화롭게 노닌다

냇물은
앞서지도 뒤처지도 않고
장애물을 만나면
하얀 얼굴로 웃으며 돌아간다.

순결한 자연은
말없는 일상으로
질서를 가르친다

도심의 인간 냇물은
부딪히고 떠밀고 빼앗으며
서로 앞서려고 소란만 피워댄다
앙앙거리며 질서를 파괴하고
자연을 닮지 아니하면서도
자연을 가르치려고만 한다

인간의 오만을 벗고 자연과 살고 싶다. 매일 청계천을 산책하며 온 산골을 느낀다. 늘 흐르는 냇물과 수양버들, 조팝나무, 층층나무, 산수유를 만난다. 이미 깊은 산속에 빠진다. 짹짹거리는 참새떼 청둥오리 백로무리를 만난다. 새벽산책을 마치고 돌아와 거실에서 쉬며 TV를 본다. 거실 창밖엔 작은 공원이 우리집 정원이다. 느티나무, 백목련, 남천, 상수리나무— 깊은 산골에 사는 느낌! 자연은 소리와 평온을 가르친다. "인간의 오만"을 씻어라고 말해준다. 자연이! ~ ~

자연은
한 마디도 하지 않는다
이미 말하고 있으므로.

자존심을 포기하는 것이 반드시 비굴함의 표식은 아니다. 〈B. 프랭클린〉

18 Friday (금) Week 16
(3.21 丁巳) 108–257
4 April

-꽃보다 열매를-

산수유 매화 진달래 개나리가,
차례로 봄을 깨우고 물러갔다
오동나무 대추나무 자귀나무는
늦잠꾸러기라 아직 잠들어 있지만
순서를 지키며
해야 할 일을 묵묵히 해내고 있다

찬란했던 꽃의 얼굴을 감추고
이제는 뿌리 깊이 집중한다
예쁜 자랑 보다
열매를 맺는 일에 전력투구하는
것이다

꽃만 내세우는 이들이 있다
몇 해, 몇 번을 천덕의 옷깃에
매달린 여의도 의사당 꽃처럼
자랑만 늘어놓고
단 한 알의 열매도 맺지 못한 채
스스로 기특히 잠든다

남이 좋아하는 인물이 될 것인가
스스로 만족하는 삶을 살 것인가
그 사이에서 방황하다가 묻는다
나는 지금,
무슨 꽃을 피우고,
어떤 열매를 만들며 살아가는가.

집 안에 있는 모든 용품, 도구들이 늙는다, 나도. 하늘이 사준 안마기가 군데군데 검버섯이 피는 얼굴처럼, 늙은이처럼 하얀 검버섯이 피며 늙어간다. 핑크빛 소파도 주름지며 늙어가는 모양, 나도.
안마기 회사에 전화, 의료기 역할하는 기구의 고장. 갈아 끼우는 것도 14만원이나 든다. 사람도 늙어가며 힘들고 수리하고. 기구들, 사용하는 도구, 기구들 수리하고, 수술하며 살아야 한다.
창밖 정원엔 어느새 백목련, 앵두꽃, 매화도 자취를 감춰 버렸다. 앞집 오동나무, 배롱나무, 대추나무는 늦잠 꾸러기다. 여기도 대견주자는 나중이지만 시끄럽다! 봄꽃은 열매를 맺으려 숨었는데, 화려한 꽃만 자랑하는 국회의원들도 많다! 나는 무슨 열매를 맺을까! 생각하게 된다~!

4 APR	火 1	水 2	木 3	金 4	土 5	日 6	月 7	火 8	水 9	木 10	金 11	土 12	日 13	月 14	火 15	水 16	木 17	金 18	土 19	日 20	月 21	火 22	水 23	木 24	金 25	土 26	日 27	月 28	火 29	水 30

A book is like a garden carried in the pocket. 〈Arab〉

—오늘과 내일 사이—

내일은 있다, 단지 손에 쥐지 못할 뿐
자고 나면 또 미끄러져
내일은 여전히 내일로 변한다

언제쯤 오늘이 내일을 품을까
묘한 마력을 지닌 내일.
닿을 듯 닿지 않는 그 이름, 내일

게으른 자의 위로가 되고,
부지런한 자에겐 약속이 되는,
보이지 않는 시소 위의 내일.

오늘을 내일로 사는 사람,
조금의 여유를 얻고.
내일을 내일로만 아는 사람,
조금씩 자신을 잃는다.

숨쉬는 동안 우리는,
오늘과 내일을 매일 공짜로 받는다.
그렇게 더 신중해야 한다.
오늘은 너무 빠르고,
내일은 거짓과 참이 섞여있다.

인생은,
오늘이라는 성실함,
내일이라는 가능성,
조화좋게 저울질하는 일이다.

오늘은 이것을 해야겠다.
저것을 해야겠다.
그것은 내일 해야지, 내일이 닥치
면 또 다른 내일이 되어 버리는
경우가 많다. 새벽에 일어나 오늘
순서를 잘 실행하려고, 운동하고
108배하고, 아침식사하고 명상
산책하며 오늘의 시상을 정리하
며 오늘의 시 주제를 찾는다.
숲에 불어와 쓸쓸함이 잠을 데
리고 온다. 30분쯤 지나니
문 사장께서 전화가 온다.
차 마시며, 시에 대한 대화
를 시작. 시는 인간의 성찰을
깊이 숙고하며 찾아가는 방
법이다. 오늘의 계획은 뜻과
는 딴 방향으로 전환하고 만다!
오늘과 내일 사이의 [illegible] 무계획
이 되는 걸 어쩌랴! ~ ~

5 MAY	木	金	土	日	月	火	水	木	金	土	日	月	火	水	木	金	土	日	月	火	水	木	金	土	日	月	火	水	木	金	土
	1	2	3	4	5	6	7	8	9	10	11	12	13	14	15	16	17	18	19	20	21	22	23	24	25	26	27	28	29	30	31

책은 호주머니 안에 가지고 다니는 정원과 같다. (아랍 속담)

—묵언의 대화—

20

Sunday (일) Week 16

(3.23 己未) 곡우 · 장애인의날 110–255

4 April

매일 지나던 길 위에서
그늘이 먼저 말을 건다

벚꽃옷을 잃은 키 큰 건물은
햇살 한 줌에도 기울며
백년쯤 된 이야기를 건넨다

종묘 담 너머
상수리 나무가
등을 토닥이며 말한다
"오래 산다는 건
가끔은 제 몸에 생채기를 새기는
일이지"
오백살 넘는 삶의 지혜가 묻은
말이다

침묵의 고목도
이젠 입을 열지 못하고
매일 수술 받는다
똑딱 똑딱,
쿵,
다시 살아나려는 박동들이
심호흡을 배운다

나는 그늘 곁을 지나며
귀 기울인다
말없는 말이
오늘도 나를 어루만진다

사물과 얘기하고
내가 나와 함께 대화하며
하루하루를 사는 게 즐겁다.

새벽 산책을 나선다. 정원에 나뭇잎들이 벌써 넓게 얼굴을 펴고 여름 냄새를 풍긴다. 산사나무는 온몸이 하얀 옷으로 갈아 입었다. 종묘 담 너머에 오백살이 넘은 상수리나무가 웃고 쳐다보며 말을 걸어온다! 많은 세월과 싸우며 생채기를 보여주는 흉터들! 창제전 건물은 묵묵히 받아들이는 삶의 순리를 말한다! 오래 산다는 건 거칠게 우둘투둘한 삶의 흔적을 배움처럼 챙기라는 묘한 호흡의 '묵언의 대화'를 한다. 만물은 말하나 내게 말하는데 못알아 들을 때가 많았지!~

4 APR	火	水	木	金	土	日	月	火	水	木	金	土	日	月	火	水	木	金	土	日	月	火	水	木	金	土	日	月	火	水
	1	2	3	4	5	6	7	8	9	10	11	12	13	14	15	16	17	18	19	20	21	22	23	24	25	26	27	28	29	30

望風而靡(망풍이미) 멀리 [illegible] 맞 [illegible] 도 [illegible] 지 [illegible] 고 [illegible] 이 [illegible] 도망감.

-앓고 마시는 커피-

커피는 배을 내게로 온다
말없이 다가와
향기로 말을 건넨다

뜨거운 날엔 성급하고
따뜻한 날엔 안온하며
식은 날엔 말없이 쓰다

사람커피는 어떨까
어떤이는 혀를 데이고
어떤이는 이는 마음을 데운다
어떤 이는 끝내 식은 채로
쓴 맛만 남기고 훌쩍 떠난다

나는 커피를 앓고 마신다
그러나 사람은
마시기 전에 앓는다

해서
사람커피는 입이 아닌
마음으로 마셔야 한다

오늘도 커피잔 앞에 앉아
그의 향을 천천히 맡는다
뜨거운지,
따뜻한지,
아니면 이미
식었는지를

클라이언트와 마주 앉는다.
서로 긴장된 모습이다.
커피잔을 앞에 두고, 뜨거운지,
차가운지, 미지근한지를 조심스럽게
대한다.
누구나 처음 대하는 사람은 뜨거운
커피처럼 조심스럽다.
같은 커피지만 신중하게 마시면
신중한 맛이 난다.
업무가 끝나고서 작별하기 위해
내문 밖으로 간다.
돌아가는 뒷모습엔 마신 커피
의 맛을 상상한다.
따뜻한 커피, 위로의 커피,
다시 마시고 싶은 커피의 맛
을 느꼈으면 좋겠다!
"앓고 마시는 커피"의 맛에 여운이
남는 느낌이다!

5 MAY 木 1 金 2 土 3 日 4 月 5 火 6 水 7 木 8 金 9 土 10 日 11 月 12 火 13 水 14 木 15 金 16 土 17 日 18 月 19 火 20 水 21 木 22 金 23 土 24 日 25 月 26 火 27 水 28 木 29 金 30 土 31

스위트 스폿 어떤 분야에서든 최고로 좋은 시기나 부분. 한 마디로 최적화된 상태를 의미.

—어둠이 낳은 밝음—

22

Tuesday (화) Week 17

(3.25 辛酉) 정보통신의날 · 자전거의날 · 새마을의날 112–253

4 April

당신이 매력적이라고 느낀 사람들의 공통점은 무엇인가요?

새벽은
하루를 찾아가는 나침판
익숙한 듯 낯선 이 시작점에서
나는 오늘을 묻는다 —
단 한 번 오는 이 새벽을
어떻게 살아낼 것인가

밖은 여전히 캄캄하지만
어둠은 이제나
약속처럼 밝음을 품고 있다
밝음은 어둠 속에서 태어나고
어둠은 밝음을 기다리며 깊어간다

밤은 낮을 잉태하고
낮은 다시 어둠을 불러들인다
성장이 이뤄지는
어둠 속에서 충전된다
고요한 공간 속에서
조화의 숨결은 맥박친다
어둠과 밝음이 손을 잡고
삶의 시계를 돌린다
고난과 영광의 교대 속에
나는 나를 새롭게 맞이한다

새벽의 창밖이 다른 날보다 캄캄하다. 구름하며 미세먼지 많은 모양이다. 밝음과 어둠의 시간, 밤과 낮의 시계는 인간의 삶에 행복과 불행의 교차하는 동영상과 같다. 밝은 곳, 행복과 즐거움. 어둠과 고통을 교대로 갖다 주는 순서가 밤과 낮인가 싶다. 생각하니 단 하루라도 허투루 보내선 안되겠단 생각이 문득 떠오른다. 밤과 낮의 교차하며 돌아가는 생의 시계! 오늘은 종일토록 비가 내린다. 밝음・낮이 없는 낮으로 살아간 날이 되고 말았다! 좋음과 나쁨이 교차하는 삶! "어둠이 낳은 밝음"이 지워진 허무하게 살아버린 오늘이구나!...

오늘도 나는
에너지의 소모와 충전을
서로 어우러지게 하며
빛과 그림자 사이를 걸어야 한다

4	火	水	木	金	土	日	月	火	水	木	金	土	日	月	火	水	木	金	土	日	月	火	水	木	金	土	日	月	火	水
APR	1	2	3	4	5	6	7	8	9	10	11	12	13	14	15	16	17	18	19	20	21	22	23	24	25	26	27	28	29	30

Man proposes and God disposes. 〈Thomas a Kempis〉

-익숙한 낯섦-

하루하루를 어김없이 살아가는 건,
어딘가로 가는 길이 있다는 것.
공짜로 주어진 오늘,
그 하루가,
내게 무엇을 줄지 몰라,
또 설레는 맘으로
눈을 크게 뜨면,
숲은 뚜렷이 보이고.
마음을 활짝 열면,
익숙함 속 낯선 빛이 스며든다.

습관에 잠기면,
새로움은 그림자처럼 스쳐간다.
와 세만 뒤집으면,
길은 새 자리 배움이 된다.

오늘,
너는 내 인생에 처음 만나는 날.
내게 배웅도 인사도 없었던 너는,
그저 조용히 문을 열고 들어온다.

나는 묻는다—
무엇을 보게 될까,
어떤 마음으로 이길을 걸어 볼까.
이 하루는 숙제를 품에 안고,
다시 태어난다.

매일 똑 같이 생긴 날이 다가 온다. 똑 같은 것 같은 하루지만 인생에 한 번 밖에 없는 날이다! 매일 걷는 산책은 같은 코스로 걷지만 다르다. 매일 만나는 청계천 냇물은 똑 같지 않다. 흐느적대는 수양버들 잎이 더 넓어지고, 몸은 더 휘었다. 새로운 것이 나타난 것처럼 오늘도 새롭다. 새로운 삶을 이어가려고 생각도 마음도 다르다! 하루를 의식하고 살면 더 값짐을 느낀다! 윤, 채강이 시를 써서 단톡 카톡방에 올려 줬다. 시를 잘 썼다. 기분이 좋다! "익숙한 낯섦"의 오늘 이었다!

5 MAY	木	金	土	日	月	火	水	木	金	土	日	月	火	水	木	金	土	日	月	火	水	木	金	土	日	月	火	水	木	金	土
	1	2	3	4	5	6	7	8	9	10	11	12	13	14	15	16	17	18	19	20	21	22	23	24	25	26	27	28	29	30	31

계획은 사람이, 성패는 하늘이. 〈토마스 아 켐피스〉

24 — 변연이 아침을 —

Thursday (목) Week 17
(3.27 癸亥) 114–251

4 April

스마트폰을 켜니
사진이 흘러간 얼굴들이 말을 건다
빛바랜 웃음이 화면 너머에서
더 선명해진다, 지금보다도.

눈은 표정, 잊은 말들,
그 모든 것이 나를 가리킨다.
나는 그때 누구였고
지금은 무엇을 잃었는가.

과거를 본다
그 속에서 오늘이 움직인다
사라진 손끝의 온도를 온기를 내음이
오늘의 마음을 고른다

희망은 늘 두 얼굴이다
하나는 지나갔고
하나는 아직 오지 않았지만
눈을 마주 볼 때에만
나는 지금을 정확히 가늠할 수 있다.

한 줄기 기억이 말한다
과거를 잊지 마라
현재는 거기서 왔다
나는 오늘을 과거와 미래 사이에
조심스레 놓아 본다.

산책길, 많은 사람이 오고 간다. 저마다 생김새도 다르고, 체구도 체형도 다르다. 똑같은 사람 하나도 없다. 내면도 다르겠지. 생각도, 마음도, 정신도 다르겠지! 살아오면 자곡자곡 쌓은 삶의 원료가 다르지. 정치 가는, 정치성향도 각각이지! 태어나서 현재까지 응여시킨 것을 석고처럼, 시멘트처럼 굳어 있겠지. 과거의 나를, 현재의 나를 끄집어내서 관찰해보며 산책 명상을 한다. 굳어진 시멘트처럼 된 것이, 생활을 좌우한다. "변연이 아침을" 마을에서 산다. 나만 옳다는 아집! 정치가는, 국회의원들이 아집의 일파 장사가 아닌가!

난 하나만 보지 말고 숲 속에서 찾는 삶을 살고 싶다.

4 APR	火	水	木	金	土	日	月	火	水	木	金	土	日	月	火	水	木	金	土	日	月	火	水	木	金	土	日	月	火	水
	1	2	3	4	5	6	7	8	9	10	11	12	13	14	15	16	17	18	19	20	21	22	23	24	25	26	27	28	29	30

All is flux, nothing stays still. 〈Heraclitus〉

— 그림자와 숨결 —

매일 먹고 자고 일어나며
나는 조금씩, 아주 조금씩 사라진다

난 내가 얼마나 죽었는지 모른다
타인은 나를 보고선 알아차린다

지금까지 얼마나 죽었을까
생은 얼마나 남았을까

정원의 나무들은 겨우내 죽었다
봄바람에 춤을 추며 살아났다

난 죽은 날들의 페이지를 넘긴다
살아갈 날에 일기를 써내려 간다

죽은 과거가 없었다면
살아갈 내일도 없었을 것이다

사는 일은
죽음과 삶이 나누는
은밀한 균형의 춤이다

창 밖의 정원의 나무들이 새파랗게 춤을 추고 있다. 겨우내 앙상하게 죽은 것 같던 나무들이 신기하게 흐느적대며 삶을 느끼게 한다. 청계천 산책 도로의 수양버들이 바람과 함께 춤을 춘다. 종묘 공원의 수나무들 꽃이 뾰족뾰족 하늘을 향해 웃음을 하는 듯! 겨울엔 죽은 듯 앙상하던 나무들 모두가 푸르른 싱싱한 생기를 뿜어 낸다. 나의 삶을 되새기며 산책을 한다. 살아온 날은 이미 죽어 버렸다. 나무처럼 젊음을 피울 수는 없다. 나의 죽어 버린 과거는 오늘을 정확히 못 본다. 남은 나의 죽은 과거를 잘 본다. 얼굴의 주름 속에서, 걷는 몸짓에서… 죽어 버린 과거는 그림자이고 살아갈 날은 숨결이다! 남은 내일은 매일 정신 차려 하루하루 잘 보면서 살자!!!

5 MAY	木	金	土	日	月	火	水	木	金	土	日	月	火	水	木	金	土	日	月	火	水	木	金	土	日	月	火	水	木	金	土
	1	2	3	4	5	6	7	8	9	10	11	12	13	14	15	16	17	18	19	20	21	22	23	24	25	26	27	28	29	30	31

만물은 변화하며 정지하지 않는다. - 헤라클레이토스

-순간의 불행은 보약-

26

Saturday (토) Week 17
(3.29 乙丑) 116-249

4 April

늦잠을 잤다
면접장엔 이미 의자가 치워졌다
기회는 말없이 등을 돌렸다

그날 아침, 알람을 한 번 더
미루지 않았더라면
모든 게 달라졌을까.
아니, 어쩌면
그 이전부터 틀어졌던 것인지도.

작은 거짓말이 큰 오해를 낳고,
한 번의 망설임이 사랑을 놓쳤다.
그는 그때는 몰랐다.
진심은 늘 늦게 찾아 온다는 걸.

실패는 멍에가 아니라
방향을 가리키는 손가락이었다.
돌부리에 발이 걸렸을 때
처음으로 하늘을 바라본 것처럼

삶은 말없이 가르친다.
크게 부딪혀야
비로소 마음이 열리고,
실수 하나가 등불이 된다는 것도.

오늘의 실수도,
내일을 위해 잘 심어두자.

인생의 발길엔 예고 없는
싱크홀이 생길 수도 있으니깐.

살다 보면 작은 실수도 만난다.
부딪혀서 넘어지기 전
에 정신을 바짝 차린다.
작은 실수, 넘어진 실수…
모두가 다시 바로 세우며
다시는 실수를 막아 준다.
"순간의 불행은 보약"이 된
다.
작은 실수는 큰 불행을 막
아 주는 예방주사가 되는
셈이다!
길바닥에 축차이며 울퉁
한다. 다행이다. 불행이
다시 못오게 하는 "순간의
불행은 보약"이란 걸 채워주는
산책길!

4 APR	火	水	木	金	土	日	月	火	水	木	金	土	日	月	火	水	木	金	土	日	月	火	水	木	金	土	日	月	火	水
	1	2	3	4	5	6	7	8	9	10	11	12	13	14	15	16	17	18	19	20	21	22	23	24	25	26	27	28	29	30

目短於自見(목단어자견) 사람이 자기 자신은 모른다는 말.

2025 —가족애—

Week 17 **Sunday**(일) 117–248 (3.30 丙寅) 27

동물의 왕국을 TV로 본다
사냥과 도피,
먹고 먹히는 생의 전장
누가 죽어 가고
누가 살아 남는가

사자의 이빨은 왕관이 아니라
날마다 목숨을 물어야 하는 일상
호랑이의 송곳니는 침묵의 본능
악어의 턱은 눈물 없이 닫히고

무기처럼 날 세우는 본능이
오히려 더 인간적인 건 아닐까

어미는 새끼를 물어 옮긴다
그 이빨은 어제는 살상이었고
오늘은 품 안의 사랑이니
모성애는 이중의 칼
날카롭고 따뜻한 모순

인간의 사랑도
한 자루 칼이나
다듬으면 사랑이 되고
휘두르면 상처가 되며
틈을 놓치면 죽음이 된다

사랑은 결국,
무기를 어떻게 쥐느냐의 문제
손에 쥔 날것을
부서지는 꽃처럼 감싸고
부서지는 날의 목숨을 끊는다.

하지만,
가족애의 무기를 만들면 좋겠다.
행복은 선한 무기가 만드니까.

아이들이 TV에 폭싹 빠졌수다.
'폭싹 속았수다' — 제주도 소재의
화제의 드라마가 떠오른다.
아이들은 귀엽다, 언제 봐도!
아들, 딸, 며느리, 손주들도
순서대로 내려간다.
"사랑은 내리 사랑이란다" — 옛
할머니들의 말이 새삼 떠오른
다!
모두가, 모든 사랑이 "가족애"
에서 뿜어 나는 것 같다. 맑은
샘물처럼!

5 MAY	木	金	土	日	月	火	水	木	金	土	日	月	火	水	木	金	土	日	月	火	水	木	金	土	日	月	火	水	木	金	土
	1	2	3	4	5	6	7	8	9	10	11	12	13	14	15	16	17	18	19	20	21	22	23	24	25	26	27	28	29	30	31

木本水源(목본수원) 자식 되는 사람은 자신의 근본을 생각하여야 함.

—처음 만남—

28

Monday (월) Week 18
(4.1 丁卯) 충무공이순신탄신일 118–247

4 April

모르는 얼굴 앞에서
심장은 잠깐,
걸음을 잃는다.

서툰 인사,
겹치는 침묵,
말끝마다 망설임.

처음 만난 이의 미소가
어디선가 잃어버린 계절처럼
가슴 깊이 스며든다.

낯선 길 앞에서도
나는 두 손으로 길을 더듬는다.
넘어지고,
미끄러지고,
다시 서면서,
처음은 내게 묻는다 —
너는 어디로 가고 싶으냐고.

처음은 실패가 아니다.
처음은 세상에 나를 건네는 법을
배우는 시간이다

두려워도 좋다,
떨려도 좋다,
처음은 몸으로 부딪히고,
눈물로 껴안고,
웃음으로 흘려 보내야 한다.

반가워하고,
아파하고,
끝내 껴안은 끝에서야
처음은, 비로소 내것이 된다.

처음은 언젠가
다시 시작할 너를 위해,
아주 부드럽게 울려 퍼지는
첫번째 심장이다.

일주일 전에 상담차 왔던 분이다.
처음처럼 조심스럽다.
"온유당" 커피숍에서 처음의 대
화를 나눈다. 처음의 대화는
신중, 조심해서 단어 하나도
조심해서 꺼낸다. 해서, 처음이
나! 자식들에게도, 아내에게도, 오랜 우정의 친구에게도 "처음
만남"처럼 대해야겠다!!!. ~~

4 APR	火	水	木	金	土	日	月	火	水	木	金	土	日	月	火	水	木	金	土	日	月	火	水	木	金	土	日	月	火	水
	1	2	3	4	5	6	7	8	9	10	11	12	13	14	15	16	17	18	19	20	21	22	23	24	25	26	27	28	29	30

에코사이드 인간의 무리한 개발과 욕심으로 생태계가 완전히 파괴되는 현상.

-세월의 얼굴들-

2025

Week 18 **Tuesday** (화)
119–246 (4.2 戊辰)

29

모든 사물은 얼굴이 다르다
같은 종류일지라도
나이에 따라 표정이 다르다

어린 사물은
있는 그대로 본색을 드러낸다.

늙은 사물은
살아온 만큼의 주름으로
세월을 침묵 속에 새긴다

나는 매일 명상 산책을 한다
사물들과 대화를 나누기 위해.
주름진 가로수는 ~나이를 말하고
깊게 패인 자국들은
오랜 정을,
묵은 숨결을 들려준다

얼룩진 시멘트 길바닥은
구름 짐승을 그려놓았다
오가는 사람들의 얼굴엔
삶이 그려놓은
고요한 그림자들이 흐른다

만물은
살아온 만큼의 그림자를 지닌다
사물들은 사진사다
만물은 화가다
세상 모든 존재는 나의 스승이다

난 매일
명상과 사색의 귀를 열고
배운다,
나의 삶을,
오늘도 새롭게.

잘못을 인정 안 했다. 잘못한 게
하나도 없다.
그분은 절대 잘못이 없다.
다른 사람들이 잘못한 것이다.
자기가 좋아하는 사람의 좋은 장
점만 보고 믿는다. 꼭꼭 정해
진 것으로 믿는다. 해서, 세상엔
착한 사람도, 못한 사람도 없다,
아니, 없다. 맞다. 사실이 아
니다. 다 거짓이다. 만물의 세월에
주름 때문에 늙고 주름이 있는 건가! 본래 세상엔 이해와 좋은 것이
있는 법이다. 모두가 자기 편견에 갇혀서 소통하지 못하는
마음이다! 세월의 얼굴처럼 다르다.

5 MAY

木	金	土	日	月	火	水	木	金	土	日	月	火	水	木	金	土	日	月	火	水	木	金	土	日	月	火	水	木
1	2	3	4	5	6	7	8	9	10	11	12	13	14	15	16	17	18	19	20	21	22	23	24	25	26	27	28	29

無力所致(무력소치) 힘이 부치고 능력이 없는 까닭

5 May

—제각각인 삶—

30

Wednesday (수) Week 18
(4.3 근린) 120–245

4 April

축구공, 배구공, 농구공—
모두 둥글다.
네모난 공은 하나도 없다.

아파트, 빌라 건물들은
모서리를 품고 서 있다.
둥근 집은 없다.

인간 사이에는
둥글고 모나고 길쭉한 것,
울퉁불퉁한 것이 섞여 산다.
사람의 마음도
쓸 때마다 다른 무늬,
다른 결을 가진다.

어떤 모양은 편하고,
어떤 모양은 불편하다.
하지만 쓰임새는
모양을 탓하지 않는다.
모양마다 제자리가 있다.

나는 무슨 모양일까,
어디에 쓰일까,
세상 틀에 끼워 맞춰야 할까,
내 모양대로 살아야 할까.

매일 물어본다.
매일 답을 놓친다.
그러면서도
내 모양은 조금씩,
조금씩 만들어지는 것 같다.

자기 친구는 탄핵된 윤석열은
아무 것도 잘못한 게 없다고 한
단다. 내가 보기엔 탄핵될 만
한 일이 차고 넘치는데요,
선생님 보기엔 어떠신가요?
진지하게 묻는 말에 선뜻 답
을 내놓기 망설여진다.
탄핵은 헌법적으로 한 것이죠.
옳다, 그르다, 혹여 함부로
끼어들면 자칫 더 오해될 수
있으니깐! 확증 편향성의 동
물은 남이 설득하여도 더 강하
게 저항하는 법이니깐 말이다!
"제각각인 삶"을 어찌했는가!

둥글고, 모나고,
길고 짧은
인간의 마음
은 어찌했
는가!

4	火	水	木	金	土	日	月	火	水	木	金	土	日	月	火	水	木	金	土	日	月	火	水	木	金	土	日	月	火	水
APR	1	2	3	4	5	6	7	8	9	10	11	12	13	14	15	16	17	18	19	20	21	22	23	24	25	26	27	28	29	30

問鼎輕重(문정경중) 다른 사람의 실력이나 내막을 엿보는 것을 비유.

2025년 5월

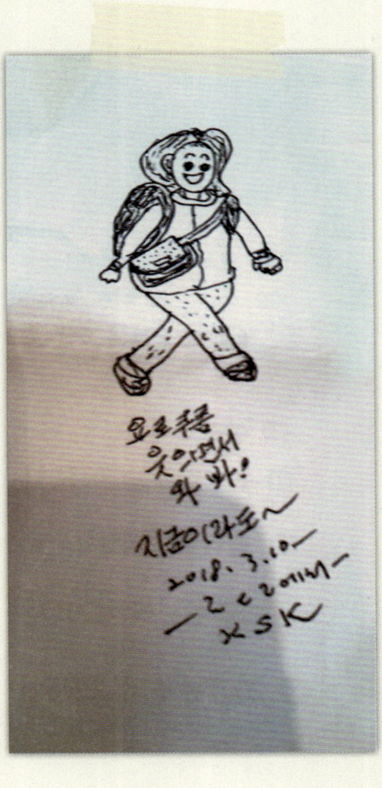

웃으면서
와 봐!
지금이라도~
2018. 3. 10~
XSK

— 다시 신축할 오늘 건축물 —

오늘은 나만의 "나를 조망한 집"을
한 채 지어야겠다.

기억창고 어딘가에
오래된 나와, 묵은 마음,
반짝이던 말들
흩어진 조각들이 아직 남아 있다.

버릴 것은 버리고
남길 것은 다정하게 닦아서
하루라는 벽돌 위에 올려놓는다.

부정은 쇠기둥처럼 섞고
긍정은 빛으로 환기된다.

현재를 짓는다는 건
과거를 조립해
미래로 나아가는 일—

나는 오늘을 짓는다,
다시 살아갈 나를 위하여.

기억의 창고에 있는 것들을 끄집어 내서 하루를 사는 것.
저장된 대로 오늘을 사는 것, 새로운 하루를 사는 것.
"그것이 알고 싶다" SBS TV 프로를 보다. 윤석열 전 대통령의 구속 적부심사, 판결, 반대와 찬성이 극명한 싸움판의 시작 사흘. 구속을 결정한 판사를 때려잡겠다고, 법원의 창을 깨트리고, 난장판을 부리던 모습. 오히려 목사는 폭력, 폭행을 선동하는 모습. 20대, 10대 후반의 젊은이들의 과도한 행동을 보니 안타깝다. 반대파의 이재명 대통령후보의 지지율이 1위지만 대법원 판결이, 고등법원의 무죄 판단이 잘못됐다고 파기 환송. 대통령 출마의 걸림돌이라, 변동상태가 보인다. 윤석열의 탄핵 반대 극렬 지지자들을 이끌려한다. 어쩌다 민주사회에서의 반대와 찬성이 이렇게 위태로운 걸! "다시 신축할 오늘의 건축물" 다시 지어야겠다! 인정하면서! ---

5 MAY 1 2 3 4 5 6 7 8 9 10 11 12 13 14 15 16 17 18 19 20 21 22 23 24 25 26 27 28 29 30 31

彌縫策 미봉책 ... 꾸며대어 ... 임시적인 대책

2 — 걷기 힘든 인생길 —

Friday (금) Week 18
(4.5 辛未) 122–243

5 May

아침엔 핸드폰으로 날씨부터 검색,
외출할 때 우산 챙길지 말지 망설이는 일상.

비, 바람, 추위, 더위
늘 제멋대로 움직이는 하늘 아래,
길 위에서 툭 발이 채이고
균형을 잃기도 한다.
예고 없는 일들이
여기서 저기서 불쑥불쑥 튀어나온다.

날씨도 맞혀 무엇하랴.
시간을 다 그려 무엇하랴.
자기 마음의 시간조차
본인 뜻대로 안 되는 것을.

현명한 방책이
과연 있을까,
오늘도 사람들은
흩어진 바람 속에 모으며 안간힘
쓰며 살아간다.

인생길 쉽진 않다.
계획을 세우고
매일을 점검하고
시간표를 빈틈없이 짜고
만남의 순서를 정리해도
엇갈리고 뒤엉키는 순간들 많다.

날씨는 내 뜻대로 되지 않고,
시간도 순서를 잊는다.
아침의 계획은
저녁 무렵 엉뚱한 결론으로
무너지기도 한다.

참 힘듭니다. 서로 옳다고, 상대는 그르다고. 서로의 자기 진영만 보고, 해서, 정치권이 제일 자기 주장만 하는 모습이 서민의 편가름으로 만들어 혼란을 만든 현실. 장마철 날씨 같은 모습. 정말 쉽잖은 일이다! 현명한 선택이 있을까! 쉽잖은 삶은 있지만 선택이 더 힘든 게 아닌가. "걷기 힘든 인생길"을 앞에 두고 정치문제가 인간의 삶을 힘겹게 하고 희망을 잡지 못하는 정명과 다른 반복이 가는구나!

5 MAY	木	金	土	日	月	火	水	木	金	土	日	月	火	水	木	金	土	日	月	火	水	木	金	土	日	月	火	水	木	金	土
	1	2	3	4	5	6	7	8	9	10	11	12	13	14	15	16	17	18	19	20	21	22	23	24	25	26	27	28	29	30	31

All sorrows are less with bread. 〈Cervantes〉

2025 -강자와 약자의 삶-

Week 18 **Saturday** (토)
123-242 (4.6 壬申)

3

비싼 아파트에 살아야만 마음이 놓인
다, 부자냄새가 청소해줘서.

발 닿는 곳마다 자유인 변두리에
사는 사람, 언제나 긍정이다.

인심이 넘쳐나고,
서로 이름을 부르던 골목도,
지금은 무표정한,
지도 밖의 거리가 되고 말았다.

사람들은 왜
숨차며 모서리진 삶을 선택할까.
경쟁에 쫓기면서도
그곳이 전부인 삶,
더 높이,
더 비싸게,
더 빨리.

삶들의 평안,
이들의 따뜻함을 외면한 채
오직 일등만이 행복이라 믿으며
자기 집 문턱까지
서로를 나누고 올라선다.

높은 곳에
좋은 것만 있지 않다.
가격은 너무 높아
숨도,
정도,
머무르지 못할 곳임을 알게 된다.

강자 약자가 선명한 세상
어떻게 살지 고민뿐이다.

"꼬리에 꼬리를 무는 이야기"를 봤다. 권력자, 돈 많은 재력가의 힘으로 살인교사로 억울하게 죽은 고등학생. 여학생의 꿈은 변호사가 되어 세상의 빛을 밝히는 희망. 대회사의 재벌가의 아내가 엄청 많은 돈을 뿌려 애매한 사람을 죽이고서, 감옥에서도 죄를 뉘우치지 않고. 온갖 병을 이유로 병원 생활. 돈으로 장악한 사위 판사와 전화하는 걸 보고. 이상해서 시작. 사위와 사촌 오빠인데, 울산의 시작. 자기 믿음은 현재의 성격으로 지켜. "강자와 약자의 삶" 속에는 병적인 확증 편향성과 재벌과 권력이 마음대로 흔들어대는 세상!...

JUN 日 月 火 水 木 金 土 — 1 2 3 4 5 6 7 8 9 10 11 12 13 14 15 16 17 18 19 20 21 22 23 24 25 26 27 28 29 30

—세상에 온 목적은—

4

Sunday (일) Week 18
(4.7 癸酉) 124–241

5 May

쫑긋 어위,
노랗고 동글한 아기민들레가
방긋 웃으며 인사를 건넨다.
담장 틈새, 이름 모를 꽃잎 하나
수줍은 얼굴로 세상을 엿본다.

핑크빛 찬란할 여름꽃이 되어
하늘을 꿈꾸었고,
화려했던 봄꽃들은
열매를 만들기 위해
고요히 자취를 감췄다.

예쁜 꽃들은
숨어서 열매를 만드느라 바쁘다.

아무도 바라보지 않은 꽃,
불려지지 않은 이름,
피지도, 맺지도 못한 채
살며시 왔다가
흔적없이 사라져가는 한낱의 생.

보이지 않는 꽃도 열매도 많아.

봄꽃도 거의 숨어 버렸다.
떨어져 버린게 아니다, 열매를
맺는 두번째 일에 몰두하는 중!
사면도 담장 틈새 꽃잎이 쏘옥
내밀고, 사면도 틈새 민들레의
노란 얼굴을!
예쁘던 꽃들이 숨어서 열매를
열심히 만들듯 나도 어떻게
살아야 하는지,
나는 내게 질문을 던진다!
자연의 섭리와 함께 조금씩
철이 들어가는 나를 보며
"세상에 온 목적은" 무엇인지,
???~~~!~~~

나는 어떤 꽃의 얼굴을 하고,
어떤 열매의 이름으로 써볼까.
곰곰이 생각해 본다.
나는 왜 이세상에 왔는가를.

5 MAY	木	金	土	日	月	火	水	木	金	土	日	月	火	水	木	金	土	日	月	火	水	木	金	土	日	月	火	水	木	金	土
	1	2	3	4	5	6	7	8	9	10	11	12	13	14	15	16	17	18	19	20	21	22	23	24	25	26	27	28	29	30	31

薄志弱行(박지약행) 의지가 약해서 일을 제대로 해내지 못함.

— 내면의 성장 —

거리엔 높은 빌딩과 낮은 건물들
화려하게 포장한 외벽,
초라하고 낡은 주택들
숨만 겨우 쉬는 구멍가게도
길 틈새에 삐죽이 올라온 풀잎들
누가 이 풍경을 만들어 놓았을까.

고급 외제 승용차가 쿠르릉 지나가고
뒤엔, 외제 중고차가 멋을 내며 따른다.
차들도 건물처럼
저마다의 높낮이로 살아간다
누가 저렇게 그려 놓은 걸까

가로수도
건물도
사람도
각자의 키 높이로,
각자의 시간 속을 걷는다.

08 나는 겉높이 보다
09 속높이에 맞춰 서려고 했었다.
10 소박하지만 단단한 마음으로
11 오늘도 나를 다듬으며
12 만족감을 안으며 살아가야겠다.
13 겉높이는 일시적, 날이 갈수록 낮아져도
속높이 나와 평생 함께 살아간다.

어린이날 석가 탄신일이라 따로 사는
가족이 모인다.
조계사는 정말 많은 사람이 모인다.
참배도 제대로 못하고 맘으로만!
낙원동에 와서 "백제 정육점"식
당서 식사하고 돌아온다.
점점 자라는 아이들은 커가며
만나는 건물처럼 크고 작은 모습
이 보인다. 높낮이의 건물처럼
자라는 손주들의 키가 보인다!
건물은 낡아가고, 아이들은 점점
높아 가고!
가로수, 건물, 아이들도 점점
자라는 것만큼 속마음, 내면의
키도 쑥쑥 자랐으면 좋겠다!
14 겉높이도 크면 좋지만 속높이도
15 쑥쑥 자라기를 간절히 원한다!
16 남의 눈에 보이는 것도 소중하지만
17 속높이가 쑥쑥 자라 가기를!
18 "내면의 성장" 다시 본다!
19

6 JUN	日	月	火	水	木	金	土	日	月	火	水	木	金	土	日	月	火	水	木	金	土	日	月	火	水	木	金	土	日	月
	1	2	3	4	5	6	7	8	9	10	11	12	13	14	15	16	17	18	19	20	21	22	23	24	25	26	27	28	29	30

위성 가족: 부모 가정을 중심으로 자녀들이 근거리에 독립해 살면서 육아 등의 도움을 받는 형태.

—생의 대변인—

6

Tuesday (화) Week 19
(4.9 乙亥) 대체공휴일 126-239

5 May

생김새를 보면 짐작할 수 있다.
무엇인지, 어디쯤인지

색을 보면 알 수 있다
설익은 감정, 익은 마음,
기억 속 집의 나이,
나무 피부에 밴 세월의 고리.

사람의 얼굴빛으로
하루의 생의 무게를 읽고
입은 옷 색깔로
살아온 속내를 추측한다.

사람들은 왜 이토록 색에 민감할까.
색이 말하고,
모양이 속삭이고,
그 모든 게 상표처럼
붙어버려서일까.

난 오늘도 인생옷장을 열고
무슨 색으로 살까,
어떤 모양으로 살아야
조금은 나답다 할 수 있을지
세월거울 앞에서 고심한다.

색깔 모양이 나를 대변해 주기
때문이.

나란 어떤 모습일까! 겉모습과 내면 생김새가 합한 게 나일까! 무슨 색깔일까! 사람마다 다르다. 해서, 서로 옳다며 집착한다. 특히 정치가들의 모습이 선명하다. 너무 시끄러운 정치 싸움이다. 이말 저말 들어보니 옳은 것도, 그른 것도 없다는 생각이 든다. 하지만 옳음, 그름은 판단이 있는 법! 어느 정도 성장한 사람은 자신의 내면에서 찾아야 한다! 내면의 정답을 찾으려고 안주하고 사색하며 시를 쓴다! 시란 축약된 인간의 삶이고, 색의 범주이다. "생의 대변인" 나이고 나의 내면이다. 심취하고, 숙고하고, 갖가지의 삶을 느끼고 찾아내는 게 삶이고 나의 시다!

5 MAY	木	金	土	日	月	火	水	木	金	土	日	月	火	水	木	金	土	日	月	火	水	木	金	土	日	月	火	水	木	金	土
	1	2	3	4	5	6	7	8	9	10	11	12	13	14	15	16	17	18	19	20	21	22	23	24	25	26	27	28	29	30	31

No great genius has ever existed without a touch of madness. 〈Aristotle〉

2025 — 선택의 자유는 본인 —

Week 19 **Wednesday** (수)
127–238 (4.10 丙子)

7

출생시부터 위대한 이는 없었다.
고난을 씹어 삼킨 이들이
입 안에 남긴 고요함,
그게 바로 시작이었다.

누구도 한 번에 길잡이 되진 않는다.
실패를 삼키며 건너온 밤들,
그 안에서 길을 묻는 목소리들
어디선가 혼잣말처럼 다가와

이 말이 맞는 걸까
저 말이 틀린 걸까
말이 말을 낳을 때
그 속에 숨은 길은 자신이 찾는다.

모든 고난은 두 얼굴
부정과 긍정의 그림자
빛을 원하면 어둠이 길을 그려주고
어둠을 택하면 빛이 등을 밀어준다.

선택은 내 몫
책임도 자신의 몫
성장은 선택을 껴안는 용기

오늘도 나는
갈림길에 선다, 두 길의 앞에서
한 발을 내딛는다.

출생 시부터 위대한 사람이 세상엔 없겠지. 고난을 씹으면서 맷집이 쌓여서 자신을 만들겠지.
장차이 대통령 선거에서로 권력을 손에 쥐려는 싸움질을 보니, 보는 사람이 더 부끄러운 일이 아닌가 싶다.
네말, 내말, 변명만 늘어놓는 모습이 누구 같은 어린애들 싸움처럼 느껴지는 건 꼭 들어야 하나!
모든 결과는 자신이 결정하고, 자신의 책임이 아닌가!
선택은 본인이!
"선택의 자유는 본인"이라는 주제를 아무리 꿈꿔어도 정치꾼들에 묻는 인간성이 세상을 시끄럽게 하는구나!

6 JUN	日	月	火	水	木	金	土	日	月	火	水	木	金	土	日	月	火	水	木	金	土	日	月	火	水	木	金	土	日	月
	1	2	3	4	5	6	7	8	9	10	11	12	13	14	15	16	17	18	19	20	21	22	23	24	25	26	27	28	29	30

어떤 위대한 천재도 광기의 손길 없이는 존재할 수 없다. 〈아리스토텔레스〉

—숙명 속의 삶—

8

Thursday (목) Week 19
(4.11 丁丑) 어버이날 128–237

5 May

부모님과 여행을 간다면 어디로 가고 싶나요?

청계천 물가에 참새들이 짹짹,
쪽쪽 아침을 쪼아 먹는다.
비둘기는 길바닥 콕콕,
백로는 눈을 가늘게 뜨고 먹이 찾으려
물 속을 읽는다.
청둥오리는 졸기만 한다,
삐이쭉 삐이쭉, 어디서 날아온 산새는
노래만 한다.

의식주 걱정없는 생의 평온,
고층 아파트 없이도
풍경의 일부로 살아가는 너희가
참 부럽다.

출근길, 높은 고층을 오르는 사람들
컴퓨터 앞에서 계산기를 두드리는
연인들
자녀 교육비에 허리 휘는 부모들
직원 월급 걱정에 밤을 새우는
회장님들

내가 만약 동물로 태어났다면,
이 삶이 얼마나 가벼운지
알고나 살았을까.

아차,
나는 지금,
무엇을 부러워하고 있는 걸까.

이 삶조차
내가 선택한 이름일까.

동물의 삶이 부럽다! 비둘기, 참새,
비둘기 까치들 참 살기 편하겠지.
동족끼리는 싸우지 않고, 서로의
삶이 있으니!
하지만 인간은 서로 못잡아 먹어 안
달복달! 정치적, 선거기간에 본
성을 숨김 없이 내세우고, 얼굴 붉히
고, 거짓 웃음으로 가장된 낯
선 자의 본성을 내보이고 있다!
청계천 산책, 새 새들, 비둘기, 청
둥오리, 왜가리를 보며 위로를 받는
다. 오늘도 산책하며 위안을 받는다.
"숙명 속의 삶"이라 여겨야 하는 걸까!!~~

5 MAY

木	金	土	日	月	火	水	木	金	土	日	月	火	水	木	金	土	日	月	火	水	木	金	土	日	月	火	水	木	金	土
1	2	3	4	5	6	7	8	9	10	11	12	13	14	15	16	17	18	19	20	21	22	23	24	25	26	27	28	29	30	31

We may give advice, but we cannot give conduct. ⟨B. Franklin⟩

오래 사용하던 기계가
덜컹거리며 작동을 시작한다.
앞장서 달린 세월 몰랐다.
뒷장에서야 비로소 알게되는
궁시렁 거림, 끼익거림, 어우어우,
움직이는 몸뚱이.

겉은 멀쩡한데,
속은 녹슬고 낡아,
기어 하나가 빠진 듯 위태롭다.
움직이는 자신만 안다.
이 기계가 얼마만큼 힘겨운지.
남들은 칭찬한다.
"아직 쌩쌩하네요"

나는 안다.

삶은
느낌을 가장 소중히 돌아보는
기계의 오작동 같아서,
망가져 가는 순간에야 느낀다,
내 기능이 어느 정도인지를.

나는 묻는다
삶이 더 명확히 보이냐고,
내가 더 정확히 아냐고.
나는 말없이
덜컹이는 소리만 듣는다.

아마, 그게 인생이겠지.

차남 정이가 여행 가자고 졸라대는데, 몸의 시그널이 좋지 않다.
무릎이 약간 시큰거리고, 걱정이다.
얼마 전에 장남이 베트남 여행을 다녀왔는데.
피곤이 누적된 건가. 아들 부부를 보면 아이들도 키우려면 보통 쉬운 일이 아닌데.
자식들에게 미안함이 몰려온다.
힘들어 안되겠다고 해도, 할수 없이 KTX 기차에 몸을 싣고 말았다.
예약은 했기에. 서울까지 3시간 5분 걸리는 속도에 다시 한번 감탄! 앞으로 날개 달린 옷입고 날면 한 시간쯤 걸리는 세상이 오려나! 호텔에 들어오려 하다가 훤히 보이는 전경이 너무 좋다. 휘영게 보이는 초목들이 한층 즐거움을 증가한다. "늙어가는 삶을" 만끽하니 행복감을 느낀다!

6 JUN 日 月 火 水 木 金 土 1 2 3 4 5 6 7 8 9 10 11 12 13 14 15 16 17 18 19 20 21 22 23 24 25 26 27 28 29 30

충고할 수 있지만 … 를 … 할 수 없다. (B. 프랭클린)

-뒤만 잘 보는 눈-

10

Saturday (토) Week 19
(4.13 己卯) 유권자의날 · 바다식목일 130–235

5 May

앞에서 보다면서
늘 놓친다.
같이 있을 땐
분명 봤다고 확신했다.
등 돌린 후에야 선명해진다.

부모님 살아계실 땐
잘 안다고,
다 본다고 생각했다.
돌아가신 후에야
그 눈빛,
그 한숨의 무게를
제대로 느끼며 후회를 한다.

연인도,
곁에 있을 땐 무심했었다.
헤어진 뒤에야,
웃음 속에 담긴 진심을 느낀다.

주식투자도,
사람도,
앞에선 흐릿하게 보였다.
지나간 건 너무나 또렷하다.
'그 때 그랬더라면'
이말을 반복하며,
우린 자꾸 뒤만 보며 후회한다.

인간의 눈은
왜 앞을 못 볼까
인생은 한 번 뿐인 시도뿐이다.

한 번 뿐. 인생사도 한 번 뿐. 오늘의 가족여행도 한 번 뿐이다. 인생에 두 번은 하나도 없다! 앞에서 보는 것과 뒤에서 보는 건 확실하고, 뒤에서 보는 건 잘못본다는 착각이 인간의 시각, 인지능력이 아닌가 싶다! 주식투자는 앞에서 잘못 보고, 뒤에서 보면 명확하다! 오늘, 재강이 노는 모습을 보는 지금이 먼 훗날 어떻게 느껴질까! 여행하며, 행주 검색, 정치세력의 다툼, 이쪽도 저쪽도 옳다 그르다, 하지만 먼 훗날엔 정답 보인다.. 이곳저곳 여행하다 보니 편안하다. 이순신 거북선 만든 걸 보고 감탄! 대단한 역사속의 이순신은 그때는 제대로 봤을까! "뒤만 잘 보는 눈"이 있어 여행도 먼 훗날 뒤돌아 보면 더 잘 보이겠지!

5 MAY	木	金	土	日	月	火	水	木	金	土	日	月	火	水	木	金	土	日	月	火	水	木	金	土	日	月	火	水	木	金	土
	1	2	3	4	5	6	7	8	9	10	11	12	13	14	15	16	17	18	19	20	21	22	23	24	25	26	27	28	29	30	31

拔本塞源(발본색원) 폐단의 근원을 아주 뽑아서 없애 버림

돌부리에 걸려 넘어진 자리에서
나는 오래 보았지
누군가 무심코 흘린 단어 하나가
내 마음에 뿌리내린 그날처럼.

사랑은 피할 수 없는 화살이라지만,
그 화살이 꽂힌 자리는 이미 오래전부터,
기다리고 있었던 듯.

필연은 늘,
우연의 옷을 입고 나타났고,
우연은 언제나,
필연의 눈빛을 외면하지 못했지.

한 송이 꽃이 피기까지,
얼마나 많은 바람이 스쳐갔는지,
우리는 알지 못해요.
그 바람 중 하나가,
결정적이었다는 걸.

그리하여 오늘,
너를 만나게 된 이 순간,
또한 수많은 가능성의 우연을 지나,
하나의 필연으로 주어진다.

그리고,
나는 다시 길을 걷는다.
넘어지고,
멈추고,
바라보며,
그 모든 흔들림 속에서,
단 하나의 연결점을 믿으며.

우연과 필연
쌍둥이처럼 DNA는 피할 수 없어도.
비슷하고 다른 이연이다.

5~60년 전의 마을이 너무 변했다. 사람은 늙어버리고, 집이나 방은 흔적조차 알 수가 없다. 아내가 자랐던 동네 집을 찾아 왔다고. 차를 세우고 경로당에 소변 마려워 들렀다가 91세인 할머니와 얘기하다가 벌인 상봉하듯, 옛날에 이웃 살던 분. 또 지나가다가 밭에 일 하는 걸 보고, 만나 친척 한 시간 이상 얘기, 또 마을회관 들렀다가, 한 시간 이상 얘기, 살던 집을 만났다. 세 번의 우연이, 필연처럼 만나고, 아내의 태어난 집을 찾았다. "연필의 소리"가 우연과 필연 속에서의 하루가 신기한 날이었다!

6 JUN 1 2 3 4 5 6 7 8 9 10 11 12 13 14 15 16 17 18 19 20 21 22 23 24 25 26 27 28 29 30

方底圓蓋(방저원개) 사물이 서로 맞지 않고 의견이 서로 합치되지 않음.

-씨앗의 시간-

12 Monday (월) Week 20
(4.15 辛巳) 132-233

5 May

하루가 다가 오면,
나는 조용히 바톤을 건넨다.
어제의 손끝에서,
오늘이 출발하고,
내일을 향해 달려간다.

오늘은 내일이었다가
금방 내일이 되고,
어제는 오늘이.
다시 내일을 꿈꾼다.
모든 날들이,
하루란 이름으로 숨쉬고 온다.

오늘을 잘 보자,
시간이 아니라,
삶이라는 연속으로,
다가 오는 이 하루를.

어제를 성찰하고,
그제를 기억하자.
흘러간 것이라 지우지 말자,
그 속에 숨어 있는,
삶의 씨앗 하나,
지금의 나를 키웠을 것이다.

돌아올 것과 지나갈 것,
모두 내 안에 있다.
숨겨진 씨앗되어.

오늘,
조심스레 삶을 심어 가꾸자,
내일의 튼실한 나무가 되도록.

4박5일의 여행길 빨리도 날랐다. 그제와 어제, 내일, 모레가 금방 도망가 듯 빠르다. 추억의 보자기 속에 어제 그제 내일 모레를 꼭꼭 담아서 KTX 빠른 열차속에 싣고 올라온다. 즐거운 여행, 재미 있는 여행도 그냥 세월 싣고 가버리면 또 잊고 만다! 아름다운 여행을 해외, 국내 여행도 많이 다녔다. 하지만, 오래 되면 또 잊는다. 망각 속으로 빠져 버린다! 집에 돌아오니 익숙한 모든 것들이 웃으며 반긴다! 와! 즐거운 여행이었다. 모든 것은 인간의 내면에 자라는 "씨앗의 시간"이 있다!

5 MAY 木 金 土 日 月 火 水 木 金 土 日 月 火 水 木 金 土 日 月 火 水 木 金 土 日 月 火 水 木 金 土
1 2 3 4 5 6 7 8 9 10 11 12 13 14 15 16 17 18 19 20 21 22 23 24 25 26 27 28 29 30 31

팝콘브레인 | 디지털 기기에 중독되어 ... 참고 강렬하고 ... 반응하는 현상

사물은 조용히 제 자리를 지키는데
인간은 어쭙잖시고 발버둥친다
식물도 동물도 제 몫으로 살아가는데
오직 인간만 오만한 주인 행세다.

정치가의 입은 늘 거들먹대고
오만은 귀를 막고 눈을 가린다
도대체 누가 잠든 존재를 깨울까

자연의 시계는 여전히 정확하다
묘목 마선 존재로 말하는 자연
쟁쟁하건만 인간은 듣지 못한다
무관심은 삶이 되고
파헤쳐진 땅은 숨이 막힌다

제발 멈추라, 바람이 외친다
비가 울고, 나무가 썩지만
인간은 여전히 "기후 변화"라며 말을 바꾼다.

우주 어디에도 이 오만을
꾸짖을 존재는 없을까
천둥이 번개를 쳐도
인간은 자는 척만 한다.

깨어나라, 인간아
우르르 쾅 쾅
자연의 비수가 또 번쩍인다.

인간은 너무나 오만하다. 자연은
순리대로 살아간다.
인간은 자연에 역행해가며 순리
를 지키는데 인간은 자연을 파괴,
순리를 역행하며 오만하기만 하
다!
선거를 앞둔 현실을 보니 정치가
들이 오염된 본성을 보여준다!
계엄사태로 천둥 번개의 오싹
한 맛을 보고서도 자기 주장만
하는 꼴이 정말 꼴불견 중상
꼴불견이 아닌가 싶다.
"아둔한 인간을 어쩌랴!

6 JUN	日	月	火	水	木	金	土	日	月	火	水	木	金	土	日	月	火	水	木	金	土	日	月	火	水	木	金	土	日	月
	1	2	3	4	5	6	7	8	9	10	11	12	13	14	15	16	17	18	19	20	21	22	23	24	25	26	27	28	29	30

白駒過隙(백구과극) 인생이 덧없이 빨리 지나감을 비유.

— 인연 —

14

Wednesday (수) Week 20
(4.17 癸未) 134-231

5 May

가로세로 열다섯 칸으로 이뤄진,
좁은 성 안에
겨자씨를 가득 채웠다.
마치 세월을 삼킨 듯,
보이지 않는 마음으로.

백년 마다
한 알씩 꺼내어
사라지기까지,
그 오랜 기다림이
겨우 하나의 겁이라니.

스승과 제자,
그 인연을 맺으려면
수천 겁이 만 번.

우연이 아니라
천 번의 기다림 위에 선
한 마디 가르침,
한 번의 눈맞춤도
허투루 흘릴 수 없다.

네 앞에 선 그 사람이
그 겨자씨 하나 꺼내려
백년을 걸어왔다는 걸
기억해야 한다.

인연이란 겁이란 짧은 순간이나, 찰나, 순간이 아닌 길고 긴 겁의 인연으로 연결된 인연이 있다. 종교도 다르다. 불교도, 천주교 인연의 연결의 고리는 천주교인. [illegible] 장현 하인호 회장 때문에 지금도 [illegible]이다.
만기가 되어서, 신경을 많이 쓴 오늘의 "인연" 연결이다.
지금은 찾아서 은행에 넣고 [illegible] 시간 오늘이 왔다. "인연"의 연결고리란 생각이 든다! 인간사 모든 인연의 고리구나!...

08 09 10 11 12 13 14 15 16 17 18 19

주어진 시간
만나는 인연
삶을 이어갈
소중한 숙제를
아끼며 살자.

5 MAY	木	金	土	日	月	火	水	木	金	土	日	月	火	水	木	金	土	日	月	火	水	木	金	土	日	月	火	水	木	金	土
	1	2	3	4	5	6	7	8	9	10	11	12	13	14	15	16	17	18	19	20	21	22	23	24	25	26	27	28	29	30	31

Whoever has no patience has no wisdom. 〈Sa'di〉

— 민낯의 계절 —

선거 때만 되면
눈마개 귀마개를 끼고 싶다.

이기적인 꾼들이
서로를 물어뜯는다
자기만이 옳다고
자기만이 깨끗하다고
자기가 제조한 술에 만취해 떠든다

가장 못난 소리는
자기를 선전하는 소리
가장 보기 흉한 얼굴은
조정 관리된 민낯이다

공동체를 말하면서
자해를 꿈꾸고
공익을 외치면서
사익의 꿈을 꾼다

못난 녀석들이
웃음으로 진실을 가린다

눈을 감고
귀를 닫고
지나가고 싶지만
아무리 찾아 봐도
눈마개 귀마개가 없다.

시를 가르친다는 건 인생을 가르친다는
신중함이 앞선다!
은유, 직설, 역설로 인생을 새롭게
조명하는 일이다!
시를 강의 하는 건 인생을 강의!
만남은 시와 인생의 주제가 포함
된 만남의 즐거움이다.
비가 올까, 말까, 우산을 챙길까.
하루는 이렇게 시작해서 즐거움을
흔적으로 남기는 날이다!
시의 모임을 갖는 것, 인생의 모임을
갖는 속엔 생의 성찰이고 삶의
관조가 아닌가!
"민낯의 계절"에 다시 되새겨
보는 오늘의 보람을 느낀다!

6 JUN	日	月	火	水	木	金	土	日	月	火	水	木	金	土	日	月	火	水	木	金	土	日	月	火	水	木	金	土	日	月
	1	2	3	4	5	6	7	8	9	10	11	12	13	14	15	16	17	18	19	20	21	22	23	24	25	26	27	28	29	30

인내가 없는 사람은 지혜가 없는 사람이다. 〈사디〉

— 오늘이라는 제작소 —

16

Friday(금) Week 20

(4.19 乙酉) 136–229

5 May

어제의 숨결들이
오늘의 창을 두드린다
좋은 기억은 더 반짝이고
나쁜 기억은 닦이다 보면
빛나는 교훈이 된다

첫눈도, 햇살도
스쳐 지나가는 바람까지 나를
만들고
나는 오늘, 이 순간을 깎고
다듬어
하루라는 조각을 완성한다

과거는 되새김질 속에 익고
미래는 지금의 손끝에 놓였다
오늘을 충실히 살아내는 일,
그것이 가장 좋은 내일의 시작.

나쁨 좋음의 추억들을 안고서,
재생의 힘을 지니고 있는 법이다.

새벽 산책을 하고 돌아오며 사과를 사왔다. 후루룩후루룩 육즙을 내어내는 맛향을.
사과 1개에 3,000원. 6개 한 봉지가 18,000원. 사과 뿐 아니라 모든 물가들이 많이 올랐다.
종로 3가에 싼 사과도 있지만 맛이 없다고 한다.
사과를 좋아하는 입맛이라, 비싼 걸 더 좋아한다. 무정다 사과가. 지난 과거는 힘들게 살아온 사과의 지난 날이나 살아온 나의 나날들이 쌓여있는 좋고 나쁜 추억, 힘든 과거와 삶의 결과라 보인다!
추억의 날들이 오늘의 나의 "오늘이라는 제작소"를 살려 본다! 힘들고, 좋았던 일들, 모두 잘 다듬어 오늘을 만든다! 좋은 추억과 힘든 추억이 쓸모 있어서 오늘까지 있는 사과가 말한다. 나의 삶을 반추해 보며 맛있게 먹으라는 사과의 많이 살아온 내 꿈이다!

5 MAY
木 金 土 日 月 火 水 木 金 土 日 月 火 水 木 金 土 日 月 火 水 木 金 土 日 月 火 水 木 金 土
1 2 3 4 5 6 7 8 9 10 11 12 13 14 15 16 17 18 19 20 21 22 23 24 25 26 27 28 29 30 31

Envy is more irreconcilable than hatred. (La Rochefoucauld)

- 값비싼 삶 -

오늘은 보낼 생각 말고,
오늘과 함께 지낼 생각을 하자.
기다리기 보다,
먼저 오늘에게 찾아가는 마음.
준비하는 손길이 곧 발걸음이 된다.

기다리면 반드시 오지만,
찾아가 맞이하는 게 더 현명하다.

쉬고 있다 보면,
훌쩍 도망가는 게 오늘이다.
정신 바짝 차리고 지켜보면
오늘은,
보람을 가르치는 스승이 된다.

매일 만나는 이 낯익은 기적,
어떻게 만날지,
명심하면서 살아야겠지.

공짜로 받는 하루를
공짜로 흘려보내지 않는 것—
그것이야말로,
비싸게 오늘을 사는 법.

공짜로 받은 오늘을,
공짜로 보내지 않는 게 현명한 삶이다

아내와 유비와 셋이서 점심식사를 대학로에서. 점심을 먹고 서서히 걸어서 길을 향한다.

백기완 선생의 기념전시관 간판. 잊어져가던 선생의 모습이 눈 앞에 생생히 되살아 난다.

인권운동, 노동운동, 자유민주주의 쟁취를 위한 투쟁의 삶의 일생을 걸었던 모습이 생생하게 되살아 난다. 많으로 많은 가치와 길을 남기고 떠난 어르신.

사진, 어린 학생 때 모습. 혁명단원으로 이름이 새겨있을 때. 주인이 학생복을 입히고서 찍어줬던 사진이란 설명서. 무거운 짐을 잔뜩 싣어진 뒷모습의 사진이 심장을 울컥하게 눈물이 글썽! 많은 굶어지고 뒤로돌아간 놓기 선생의 삶이 새롭기한 사진과 그림. 감옥생활도 많이

백기완 선생의 흔적속에서, '값비싼 삶'을 되새기며 한국한다!

6 JUN 1 2 3 4 5 6 7 8 9 10 11 12 13 14 15 16 17 18 19 20 21 22 23 24 25 26 27 28 29 30

질투는 증오보다 화해가 어렵다. (라 로슈푸코)

18 — 나의 집 —

Sunday (일) Week 20

(4.21 丁亥) 5·18민주화운동기념일 138–227

5 May

태어나서 산다는 건
자기 집을 짓는 일일지도 모른다.

어릴 적엔
장난감보다 작던 집이
세상의 전부였고
문틈에 스미는 햇살이 창이었지.

이제 마음 안에 집을 짓는다
돌처럼 무거운 말들로 기둥을 세우고
침묵으로 지붕을 얹는다
때론 벽 없이 방을 꿈꾸기도 한다.

내가 원하는 집은
주소보다 온기가 있는 곳
닫힌 문보다
함께 웃는 창이 많은 집.

행복은 벽지처럼 덧칠되는 걸까
08 매일 들여다보는 거울 속에서,
09 늙는 풍경에 익숙해지는 걸까.
10

11 인생살이란
12 그저 집 한 채 장만하고
13 그 집 안에 적적히 머무는 일
나를 조금씩 성장하게 하는 일.

마음 속에 품은 꿈, 삶의 근원인 집이다. 무슨 집을 어떻게 지을까! 늘 생각하며 살게 된다.
올바른 집을 짓는 것!
인생의 설계가 마음 속에 집이 아닌가!
오늘 하루도 어떤 집을 어떻게 지을가를 생각하며 자신의 마음 속을 점검한다! "나의 집"은 나의 마음이요 삶이다!

14

15

16

17 나는 집이고,
18 집은 나이다.
19 내 일생은 집에 머물다 간다.

5 MAY	木	金	土	日	月	火	水	木	金	土	日	月	火	水	木	金	土	日	月	火	水	木	金	土	日	月	火	水	木	金	土
	1	2	3	4	5	6	7	8	9	10	11	12	13	14	15	16	17	18	19	20	21	22	23	24	25	26	27	28	29	30	31

白日夢(백일몽) 실현될 수 없는 헛된 영화나 덧없는 일을 비유.

-자아 관조-

아침 눈을 뜨면
집 안 가득, 오래된 가구들과
막 들어온 새 가전들이
늙고 젊은 사물들로 속삭인다

거리엔 젊고 늙은 가게들이
각자 나이만큼의 말투로
부지런히 말을 걸어온다

유모차를 미는 엄마들,
책가방 멘 아이들,
자전거에 실려가는 출근길 사람들,
젊고 늙고 날리는 이들이
살아온 만큼의 말없는 말을 건넨다.

사물도
동식물도
인간도
각자의 시간만큼의 언어로
조용히, 그러나 분명히
무언가를 전하며 산다

어린 시절 가장 기억에 남는 말은 무엇인가요?

침묵속에 잠긴 그 말들엔
자신의 정체성과
세상 살아가는 법칙이 숨어있다

나는 묻는다
나는 어떤 말을 하고 있는가를.

곰곰 되새기며
침묵을 따라
오늘의 나를 새로이 바라본다.

타인을 보는 건 나를 보는 것이다.
남에 말하는 게 내게 하는 말이다!
남에 인생상담을 해주는 건 나를상담!
봉오중회장, 하회장을 만난다.
회장 성과를 잘 내기 위해 적금을
1년 붓게 하고, 2년차 또 적금을
2천만원 들어줘서 빠른 세월따라
찾으러 간다. 금호역 까지 마중
나온 회장. 고맙다. 끝나고 올때
오는 길에, 택시까지 호출해서 집에까지
편하게 돌아왔다. 간절히 바라는 건 이뤄질 확률이 높다.
희망을 가지고, 간절히 노력하며 열심히 사는 모습이 참말 좋다!
"자아 관조"의 시간이였다!

6 JUN	日	月	火	水	木	金	土	日	月	火	水	木	金	土	日	月	火	水	木	金	土	日	月	火	水	木	金	土	日	月
	1	2	3	4	5	6	7	8	9	10	11	12	13	14	15	16	17	18	19	20	21	22	23	24	25	26	27	28	29	30

Y2K Year의 Y와 1,000을 뜻하는 Kilo의 K를 따서 만들어진 합성어로 2,000년대를 뜻하는 단어.

-생의 법칙-

20 **Tuesday** (화) Week 21
(4.23 己丑) 세계인의날 140-225

5 May

공원엔 참새들이 짹짹거리며 떠든다.
청계천 산책길,
산새들 삐이룩 삐이룩
백두루미는 한 발로 서서 물에서,
오래토록 명상한다.

청둥오리는 유유히 흘러가며
삶이 뭐 그리 복잡하냐, 말하는 듯.
물고기들은 물살을 가르며
휘히익 휘히익 자유를 그린다.

동물들은 제 맘대로 살아간다
인간은 종종걸음으로
출근길에 맞추어 숨을 헐떡이고
버스를 잡으려 택시를 세우며
서성이는 직장인들의 아침

참새는 가지 끝에서 짹짹댄다
어리석은 인간의 비난일까

동물에게 배우면 어떨까.
가끔은 멈추어서서,
한 발로 명상하는 백두루미처럼.

부하 직원에게 말 잘못의 순간의 실수로 인해서 곤욕을 치루고 있는 자식 앞에 가슴 졸이는 어머니의 모습이 안쓰럽다. 인생상담을 할 때 느끼는 부모의 마음 아픔을 많이 복잡한 경험들이 주마등처럼 스친다. 부모는 자식의 잘못되는 게 견디기 가장 힘든 거겠지. 수십년 같은 동네서 살아온 친구인데, 뇌경색으로 지팡이에 의지하여 겨우겨우 서는 모습이 안쓰럽다. 2~3년 정도인줄 알았는데 벌써 9년이 됐단다. 술, 담배 즐기더니 옛날이 후회스럽단다. 큰 병으로 고생을 하고 나서야 몸에 나쁜 걸 절연하는 인간의 미련함을 어쩌랴! 소연 카페에서 시인 부동산 최 회장 사장님과 함께 커피 마시며 인간의 미련함을 절실하게 느낀다!

5	木	金	土	日	月	火	水	木	金	土	日	月	火	水	木	金	土	日	月	火	水	木	金	土	日	月	火	水	木	金	土
MAY	1	2	3	4	5	6	7	8	9	10	11	12	13	14	15	16	17	18	19	20	21	22	23	24	25	26	27	28	29	30	31

아침에 보낸 시 내용은 청계천의 동물들의 자유 비유였다.
'생의 법칙'을 내놓으며! ~ ~

Pleasure dies at the very moment when it charms us most. (Seneca)

—어둠과 밝음—

흑과 백의 조화 속의 삶—

아이는 아이가 아니라
어른으로 가는 여정이다
가난이 풍부함을 부풀려주는 심연,
졸부는 모른다—
그의 그림자에 가난이 함께 걷고
있다는 것을.
수난과 고통은 훗날,
쓴맛을 품은 보약이었다는 것을.

혼돈을 모른다,
만족이 오만으로
출세가 자만으로
권력이 나락으로
부유함이 탐욕으로
사랑이 집착으로 기울 때까지.

조화를 모른다,
밤이 있기에 낮이 있고
질병은 건강을 일깨우고
다툼은 화해를 불러온다.
오늘의 눈물은
내일의 웃음씨앗이 된다.

상현과 하현 사이,
달은 스스로를 깎고 채우며
희망을 품고
구름 속 숨은 태양은
잠시 감춘 온기를 지킨다—.

세상만사 변화는
인간을 울리고 웃게 하는
보이지 않는 마술사.
그 손짓 속에서, 우리는
흑과 백, 어둠과 밝음을
비로소 배우게 된다.

흑과 백의 조화 속의 삶이 황당하게 만든다. 순간의 멘붕상태. 혼미해진다. 하누정서 〈낙원동〉 갈비탕을 사먹고 결제하려고 하니 스마트폰 페이로 결제가 안 됨. 카드로는 되는데. 5. 10. 호 야상 서명인다. 인터넷 기계고장이란다. 2. 30분 찾다가 유비 생각이 난다. 얼른 비호를 보내고 간신히 34000원 결제. 황당한 일이 처음. 우산이로 세무신고 하러 갔다가. 흑백의 혼돈이 지나고 나니 맑아진다!

6 JUN 日 月 火 水 木 金 土 … 1 2 3 4 5 6 7 8 9 10 11 12 13 14 15 16 17 18 19 20 21 22 23 24 25 26 27 28 29 30

쾌락은 우리들이 가장 즐거워하는 순간에 사라진다. 〈세네카〉

-삶의 축제-

당신 안에는
무엇이 있어 살아가는가!

희망 한 줄
근심 몇 조각
미소처럼 스며드는 즐거움과
희미하게 남은 충정의 선
때묻은 삶을 미워하는 어두운 마음
누군가를 위한 봉사의 온기
그리고 이기심과 욕심까지

세상 모든 사물은,
당신의 내면에도 갖추어 있다.

무엇을 꺼내어
어떻게 쓰느냐가
매일의 삶이다

선택은 오직 당신의 몫
당신 삶의 주인은
언제나 당신이기에

수없이 써오고
지워지는 내면의 얼굴을
그 변화의 이유를 알고,
깨달음을 잘 사용할 수 있는 것

삼라만상이 보이는 것처럼,
당신의 뇌 속의 모든 것이,
매일의 인생축제다.

나의 안에, 뇌속엔 많고 많은 것들
이 존재. 뇌 속에도 밖에 있는
사물만큼 존재.
밖에 있는 사물을 사용하며, 이용
하며, 영향도 받으며 사는 게
삶이 아닌가, 뇌 속, 내면의 모
든 것도 사용. 외부와 내부의
모든 것을 외면할 수 없는 일!
외부에 있는 사물과 내면의 모든
존재가 화합하여 삶을 만드는 것!
해서, 삶이란 자신이 만드는 것!
외부와 내부를 잘 활용하여 살
아 가는 게 삶의 축제!
인생의 축제도 "시"의 세계로 매
일의 삶을 개척하며 살아간다!
"삶의 축제" 인식하며! …

5 MAY	木	金	土	日	月	火	水	木	金	土	日	月	火	水	木	金	土	日	月	火	水	木	金	土	日	月	火	水	木	金	土
	1	2	3	4	5	6	7	8	9	10	11	12	13	14	15	16	17	18	19	20	21	22	23	24	25	26	27	28	29	30	31

Hope springs eternal. 〈A. Pope〉

2025 -게으른 습성-

Week 21 **Friday** (금)
143–222 (4.26 壬辰)

23

슬며시 다가온 오늘,
맞을 틈도 없이 문을 열었다.

매일 만나는 얼굴이지만
준비 없이 마주하면
제대로 본 적도 없이
슬쩍 내일로 성형수술해버렸다.

수천, 수만 번의 만남 속에서도
낯선 눈으로 보려 애쓰며
익숙함에 무너지지 않으려
몸을 일으켜보지만—

어느 틈엔가
못된 습성이 불쑥,
삶을 대하는 태도는
나태함이 묻어 간다.

세상에 같은 날이란 없다.
익숙하다는 핑계로
하루를 함부로 대하면,
그 하루는 다시 오지 않는다.

그러니 오늘은
바보처럼,
천천히,
뚜벅뚜벅 걸어보자.

무심히 스친 길목엔
오늘이 숨어 있다.

낯설게 살아야
비로소 오늘을
가치있게 살 수 있겠지!

오늘이 아닌,
오늘을 살아야겠다.

새벽에 일어나서 명상 시간엔 오늘은 보람되게 잘 살아보자! 다짐했지만 습성에 끌려서 오늘을 살고 말았다. 습성, 습이 새롭게 챙기지 못하고, 끌려다닌 오늘이 삶이 되고 말았다. 새벽에 청계천으로 돌아오고, 돌아와 신문 읽고, 조계사 공양간에 가서 식사하고 돌아와 TV에 잡혀서 시간만 보낸 하루. "게으른 습성"에 끌려다닌 하루였다.

희망의 샘은 영원히 샘솟는다. 〈A. 포프〉

—거짓말의 명약—

24

Saturday (토) Week 21
(4.27 癸巳) 144–221

5 May

한 여름,
배롱나무는 아직 꽃을 몰라
진달래도, 철쭉도,
다 피고 진 자리에서
얼굴 가득 검버섯 핀 노인이 있다.

왜,
갑자기 산타할아버지가 떠올랐까—
허리 굽은 등, 밥이 젖은 옷자락
그 해찬한 얼굴에
늦은 꽃처럼 피는 무늬들.

나는 아직
산타할아버지의 선물을 받고 온 게가,
쑥스러움에 숨어,
스스로 거짓 몸짓을 하고,
마음도 조금은 거짓이 된다.

의사는 말한다.
"괜찮습니다, 금방 나을 거예요."
부모는 말한다.
"산타할아버지가 네 방에 다녀갔다."

거짓말이,
가끔은 명약이 되기도 한다.
한 마디 위로에,
병이 녹진히 풀리고.
고마움에 눈물도 웃는다.

하지만,
정치인의 거짓말은
삶보다 먼저 손이 욕설을 낳는다.
그 거짓은 약이 아닌 독이다.

늦은 여름,
거짓말도 꽃을 피운다.
어느 꽃은 위로가 되고,
어느 꽃은 심장을 멎게 한다.

제발 빨리 선거철이 지나가기를!

방송을 보다가 다른 채널로 돌려 버린다. 정치가들의 입이 보기 싫어서. 누가 대통령이 되든 한 마늘일 수 밖에 없는 일.
이당, 저당, 여기 저기 기웃기웃하는 얼굴도 보기 싫다. 단학을 만들고 하겠다는 야욕이나, 너무 권력 야욕에 젖은 정치인들. 이쪽도, 저쪽도 말이 힘이 없는 유권자는 나뿐일까? "거짓말의 명약"도 있다지만! ~ ~ ~

5 MAY	木	金	土	日	月	火	水	木	金	土	日	月	火	水	木	金	土	日	月	火	水	木	金	土	日	月	火	水	木	金	土
	1	2	3	4	5	6	7	8	9	10	11	12	13	14	15	16	17	18	19	20	21	22	23	24	25	26	27	28	29	30	31

甁沈簪折 병침잠절: 다시 만날 수 없는 부부의 이별.

-신중한 삶-

지식을 쌓는 일,
좋다.
그러나 지혜 없는 지식은,
바람 앞의 촛불이다.

돈을 버는 일,
좋다.
그러나 흥청망청은
허공 속에 뜬 풍선

친절한 말씨,
고운 태도,
그러나 진심이 빠지면
그건 꾸밈 많은 사기꾼의 웃음

출세도,
이름도,
그러나 인격을 놓치면
허울뿐인 사람이 된다.

인생살이,
장마 날씨다
하루는 소나기
하루는 뭉게구름

우산을 챙길까
옷을 따뜻하게 입을까
난 매일 아침,
자연에게 일기예보를 묻는다.

매일 삶의 지혜에게 묻는다,
인생 일기예보를.

TV-"똑같이 알고 산다" 프로그램을 녹화로 보다. 미 집행자의 재판소송 중 호화생활하며 부동산 사기꾼. 서민들, 젊은 사회 초년생들의 전세사기. 기발하고, 신기한 머리로 수 백억을 갈취한 사기꾼. 명석한 머리. 날렵한 수단이 좋은 일에 사용하지 못한 미련둥이 삶! "신중한 삶"을 찾아야 했다는 결심을 하며 나의 삶을 숙고하며 TV를 시청한다. 권력도, 출세도, 명예도 지혜를 발휘하지 못하면 자신도, 남도 진흙탕에 빠뜨리는 허세의 삶이 됐지! …

6 JUN	日	月	火	水	木	金	土	日	月	火	水	木	金	土	日	月	火	水	木	金	土	日	月	火	水	木	金	土	日	月
	1	2	3	4	5	6	7	8	9	10	11	12	13	14	15	16	17	18	19	20	21	22	23	24	25	26	27	28	29	30

蓬頭亂髮(봉두난발) 아무렇게나 자란 쑥처럼 더부룩하고 헝클어진 머리.

—선택의 자유—

26

Monday(월) Week 22
(4.29 乙未) 146–219

5 May

세상엔
보고 싶지 않은 것과
보고 싶은 것
봐도, 안 봐도 그만인 것이 있다.

듣고 싶은 말
듣기 싫은 말
하고 싶은 말
입안에서 삼키는 말

만나고 싶은 사람
피하고 싶은 사람
만나서 웃는 사람
만나면 상처만 남는 사람

세상은 넘치도록 가득하고
우린 그 안에서
고르고 버리는 자의 몫을 안고 산다.

잘못 고르면 평생을 울어 보고
잘 고르면
그 길 위에 작은 안도를 놓는다

하지만 인생은
단 한 번 뿐이라
고르는 일마다
떨리고 어렵기만 하다.

자유란 이름으로 주어진 이 선택이
때론 족쇄 같아,
우린 자유롭게
두려워하며 살아간다.

대선 정국이라 시끄럽다, 온 나라가.
서로 옳은 소리만 한다고 말하고,
지지하는 사람은 그 사람만 옳
다고 그 소리만 옳다고 상대
방 말은 자세히 듣지도 않고,
해서, 온 나라가 시끄럽기만!
세상엔 다양한 사람도, 다양
한 주장도 많건만 한 쪽으
로만 쏠린다. 장마철 냇물
어제 밤의 비에 쓸려서 갈대
가 죄다 똑같은 방향으로
누워 있다. 며칠만 지나면
언제 그랬느냐는 듯 꼿꼿하
게 서 있지. 누가 대통령이 선택
되든, 세월이 지나면 서 있는
갈대처럼 되겠지. "선택의 자유"
누구나 있으니까!!! ~~~

머그샷. 경찰에 체포된 피의자를 [illegible] 위해 촬영한 얼굴 사진.

-고장 난 인간-

2025 Week 22 Tuesday (화) 147–218 (5.1 丙申) **27**

하늘에 떠있는 시계는
오차 없이 작동한다
작아졌다가 커졌다가
숨었다가 다시 나타나는 우주시계
상현이 되었다 하현이 되어도
흔들림 없이 도는 정밀한 시계.

하나의 맥박이
하늘 시계를 정확히 작동시키고
그 시계를 보는 우주 역시
한 치의 어긋남 없이 돌고 돈다.

그 모든 질서는
인간이 정확히 살아야 하는 질문의
교훈

동물도 식물도
그 시계에 순응하며 살아간다
인간만이 그 시계를 거슬러
망가뜨리고 있는 중이다.

매일 우주시계를 보며
그 혜택을 누리며
그 정밀함에 기대 살아가면서도
기후의 탓이라며
망가져가는 시계의 탓을 하고 산다.

동식물은
이미 변한 시간에 몸을 맞추는데
인간은 고장 내 놓고도
고장 난 줄도 의식 못한다.

이제쯤
아둔한 인간은
스스로 저지른 고장을
수리할 수 있을까.

아둔한 인간 언제쯤 깨달으려나!

청계천 냇물 오늘도 어김없이 흐르고 있다. 물이 많으면 빠르게 적으면 천천히 우주 시계에 적응! 나도 나의 체력, 지금의 컨디션 따라 걷는다. 자연시계 맞게! 산책길을 달리고 뛰는 사람 많다. 인생의 삶은 나이에 맞춰 천천히 하게끔 걷는다. 고장 나 가는 인간 되지 않게 적응해서 살자고!

6 JUN. 1 2 3 4 5 6 7 8 9 10 11 12 13 14 15 16 17 18 19 20 21 22 23 24 25 26 27 28 29 30

不動心(부동심) 마음이 외부의 충동을 받아도 조금도 흔들리지 않음

-시끄러운 대선 소음-

28.

Wednesday (수) Week 22
(5.2 丁酉) 148–217

5 May

처음이
봄인가 여름인가
싸아한 공기가 감도는 걸 보니
한겨울인가 보다

자주는 솟고
계절시계는 제 자리를 잃는다.
내진 바람이 거세게 몰아치니
여름은 저녁
살 속을 파고드는 차가움만
맴돈다.

힘만 살아 있는 사람들
이기적인 잔머리를 몰아치며
상대 약점만 캐내는 더러운
짐만 되간다.
유치원생들이 반장선거를 해도,
저런 싸움질은 안할 것이다.

꽃은 지고
열매를 맺어야 할 계절은
시궁창 속에서 헐떡인다.
그 어떤 소신한 약속도
말과 기들에게 감시까지 당하고…

희망은 보이지 않는다.
어제의 잘못에서
내일의 길 읽을 순 어디에도 없다.

차라리 다른 나라에서
성실한 심부름꾼을
수입해올 수 있다면 좋겠다.

TV 프로를 시청하다가 뉴스는 늘
눈살을 찌푸리게 한다. 뉴스엔 선거의
말놀음이 제일 싫다.
서로 상대의 물어 뜯는 모습이 정말
귀를 막고 싶다.
"이놈저놈, 그놈이 그놈이지, 미운놈
들," 지나가는 사람의 말 속엔
선거 뉴스가 아닌가 싶다.
어린애도 저런 말은 안할 것 같기도.
아무리 생각해도 내용협감이 아니지.
오죽했으면, 다른 나라에서 수입
했으면 좋겠단 생각을 한다!
"시끄러운 대선 소음"이 없어지게 선
거가 어서 끝났으면 살 나는 생각
뿐이다!

5 MAY	木	金	土	日	月	火	水	木	金	土	日	月	火	水	木	金	土	日	月	火	水	木	金	土	日	月	火	水	木	金	土
	1	2	3	4	5	6	7	8	9	10	11	12	13	14	15	16	17	18	19	20	21	22	23	24	25	26	27	28	29	30	31

It is good to give advice, but better to give the remedy. 〈France〉

―새 얼굴의 화합―

오늘이 또 왔다.
창문 너머 빛처럼, 조용히 다가온다.
나는 오늘의 얼굴을 살펴본다―
환히 웃는가, 찡그린가,
무덤덤한가,
아니면 모든 것을 품은,
무표정인가.

내 얼굴도 살핀다.
용기의 그림자가 어깨에 걸려있고,
긍정의 씨앗이 눈빛에서 움튼다.
한편 무덤덤하게 잠든,
어제의 고요를 닮은 표정도 있다.

그러나 나는 매일,
찾아온 오늘과 화합하려 한다.
무심히 지나치려 하지 않는다.
값으로 매길 수 없는,
간절한 오늘,
기다림 끝에 열린 창처럼.

밝은 마음으로,
신중한 마음으로,
긍정의 마음으로―
정원의 숲처럼 싱싱한 내면의
얼굴을,
오늘에 건넨다.

오늘 하루를,
성실하게 살아내는 일이,
일생을 빚어내는 일이니.

새 얼굴의 조화로,
오늘을 창조해야겠다.

내면과 외면, 사물과 나의 생,
모두가 화합이라야, 내 인생살이
성공이 아니겠는가!
지금 대선을 치루어야 하는 현실도
제발 화합의 조화로 끝났으면 좋겠다.
나는 옳소, 너는 그르소, 나는 착하오, 선한데 너만 나쁘다는 싸움질의 현실이 정말정말 보기 싫다. 오늘과 내일 사전투표하는 날인데. 모두가 잘 선택했으면 좋으련만. "새 얼굴의 화합" 곰곰 되새겨본다!!!

6 JUN

충고는 좋으나 구제가 더 낫다. (프랑스 속담)

30

- 시인의 하루 -

Friday (금) Week 22
(5.4 己亥) 150–215

5 May

나는 시를 읽으며 걷는다
길가의 나뭇잎이
한 행의 운율처럼 흔들린다

말을 듣지 않고 본다
그 안의 침묵을,
마음의 결을 읽는다

사업가는 최고를 보고
과학자는 공정을 본다
시인은
그 모든 틈 사이에서
시의 숨결을 듣는다

모든 존재는 시다
돌멩이도, 할미꽃도,
스치는 눈빛도
시로 보면 시가 된다

시를 쓰지 못해도
시처럼 살면 시인이다

오늘도 나는 시의 하루를 산다.
세상을 시로 보는 것,
그것이 나의 삶이다.

시를 보며 걷는다. 모든 사물 속에 시가 깃들어 있다. 시인의 눈으로 관찰하면 시다. 그 속에서 시로 승화한다.
보고 느끼며 관조하고 사색해 한 편의 시를 만든다.
시의 눈은 사물, 오늘살이는 오는 것을, 사는 인생사다!
시를 가르치면서, 사는 인생이라고 말해 준다!
시인이 되지 않아도 시를 알면 인생을 깊이 깨닫게 된다는 말을 해주며 시강의를 마무리 짓는다. 오늘의 만남은 시를 만남이다! 보람을 느낀다!
"시인의 하루"는 시의 하루였다!
좋아하는 시간이 가볍고 즐거웠다!

The secret of success in life is known only to those who have not succeeded. 〈J. C. Collins〉

인생 수리 기술자

가구가 망가지면,
수리기술자를 부른다.
나사 하나에도 멀쩡한 나는
뚝딱, 손끝으로 고쳐내는 걸 보면
그저 놀랍기만 하다.

사람마다 살아가는 기술이 다르고,
누군가는 망가진 마음을,
누군가는 흐트러진 관계를,
수선하며 살아간다.

나는 어떤 기술로,
내 인생을 고치고 있는 걸까.
때로는 침묵으로,
때로는 낡은 사고를 버리는 용기로.

마음이 삐걱일 때면,
혼자서 분해하고 닦아내고,
조심스레 다시 조립한다.
눈에 보이지 않는 나사의 방향까지.
하나하나 확인하며.

이제 보니,
조금 더 단단한 나로 살기 위해,
나는 매일 나를 수리한다.

오늘도 또 하나의 고장 앞에서,
어디부터 손볼까,
생각하며,
조용히,
하루를 시작한다.

"아빠, 제발 버리세요!"
철렁대는 하지. 집에서 그냥 있다가 버릴 거네. 딸이 매몰차게 하는 한마디. 사용하던 걸 함부로 버리지 못하는 짠돌이 습성이 몸에 밴걸 어쩌랴! 고무줄을 다시 끼워서 조이면 좋겠는데. 아내가 고무 줄을 찾아내서 뚝딱 고쳐 입으니 정말 편하고 새옷처럼 좋다. TV도, 냉장고도, 보일러도 기술자가 쉽게 고쳤던 기억들이 스쳐 간다. 가구가 고장 나면 수리 기술자들은 쉽게 고친다. 오늘의 명상은 내면을 고치는 기술자로 살자! "인생의 수리 기술자가 되어서 살아야겠다"는 사상이 좋은 결론다!

6 JUN 1 2 3 4 5 6 7 8 9 10 11 12 13 14 15 16 17 18 19 20 21 22 23 24 25 26 27 28 29 30

성공하지 못했던 사람만이 성공의 [illegible]

2025년

6월

2025 —생사의 그물—

Week 22 **Sunday** (일)
152–213 의병의날 (5.6 辛丑)

1.

거미는 거짓말을 하지 않는다
먹고 살기 위해 그물을 친다
움직이는 삶과
움직이지 않는 삶을 구분하며
자신은 빠지지 않는 법을 안다

누구에게서 배운 것도 아니고
누가 가르쳐준 것도 아닌데
이미 알고 태어나는 삶의 방식
이기심과 지혜의 경계는
그물처럼 얇고도 질기다

어느 날 창틀에 걸린 그물을 보았다
햇빛에 반짝이는 투명한 올무
그 안에 날개를 버린 파리 한 마리
누군가의 삶은 누군가의 끝장이 됐다

인간은 거미보다 복잡해서
선함을 선택하기도 하고
악의 가장자리를 걷기도 하지만
그 모든 선택이
본성이라는 이름 아래 있다면

거미처럼 정직하게
자신의 방식으로만 살아가는 존재를
우리는 잔인하다고 말해도 될까

스스로를 돕기 위해 남을 속이는 이와
남을 위해 속는다 믿는 이의 구분조차
그물 안에서 흔들릴 뿐

나는 오늘도 그 앞에서 묻는다
누가 거미이고
누가 파리인가
나는 그물 바깥에 있는가.

거미는 자신을 위해서 그물을 만들어서 기다리고 준비하며 생을 유지한다. 움직이는 단백질, 움직이지 않는 줄을 만들어 낚시질을 한다. 인간의 삶도 낚시질이다. 막바지의 대선이 거미의 낚시질과 똑같다! 하지만, 누가 거미가 될까! 누가 거미가 될까! 시끄러운 선거전이 빨리 지나갔으면 좋겠다! 수준 낮은 동네의 시끄러움이 지겹다! "생사의 그물"이 눈앞에 아른거린다. 복잡한 눈을 뜨고 살아가는 시간이겠지!

6 JUN	日	月	火	水	木	金	土	日	月	火	水	木	金	土	日	月	火	水	木	金	土	日	月	火	水	木	金	土	日	月
	1	2	3	4	5	6	7	8	9	10	11	12	13	14	15	16	17	18	19	20	21	22	23	24	25	26	27	28	29	30

—인식의 창—

2

Monday (월) Week 23
(5.7 壬寅) 153–212

6 June

우리는 같은 날을 지나면서도,
서로 다른 빛을 좇는다.

너의 창엔,
늦은 오후가 들고.
나의 창엔,
아직 새벽의 냄새가 남아 있다.

나는 침묵을 물처럼 마시고.
너는 침묵을 돌처럼 쥐고 있다.

바람이 분다.
너는 그것을 기억이라 부르고.
나는 그것을 잊음이라 부른다.

이해는 늘 반 걸음씩 모자라서,
나는 너의 말 끝에 머물고.
너는 나의 눈동자에 머물다 돌아선다.

어쩌면 우리는,
서로의 창을 마주 보는 일 없이
끝내, 같은 바람에.
다른 의미를 부여한 채,
하루를 다 써버릴 것이다.

그러나 바람은 여전히 흐르고,
빛은 여전히 고요하다—
다만,
우리가 다르게 느낄 뿐이다.

내일이면 대선이 결정된다. 싸움도 끝난다. 출마자의 싸움이 아니다. 너와 나의 싸움이다. 우리의 싸움이다. 민주주의는 다양한 주장으로 나누는 것! 지나치게 헐뜯으며 민낯을 보이는 것은 아니지만! 같은 날을 지나면 서로 빛을 다르게 좇고, 인식하며 서로의 주장을 내세우며 다투는 건 정상이겠지! 같은 바람, 같은 햇빛을 만나지만 인식의 차이겠지! "인식의 창"은 같은 햇빛이라도 다르게 보이는 걸 어쩌랴! 최선이 아니면 차선이라도 택해야지! 내일이면 결정! 제발 누가 되든 뒷말 없이 승복하면 좋겠다만! …

6 JUN	日	月	火	水	木	金	土	日	月	火	水	木	金	土	日	月	火	水	木	金	土	日	月	火	水	木	金	土	日	月
	1	2	3	4	5	6	7	8	9	10	11	12	13	14	15	16	17	18	19	20	21	22	23	24	25	26	27	28	29	30

UAM 도심항공교통. 도심 내 [illegible]

2025 —모난 마음들—

Week 23 **Tuesday** (화) 3.
154–211 (5.8 癸卯)

도시는 네모로 가득하다
아파트, 빌라, 빌딩,
심지어 사람의 마음까지도
서로 맞닿지 못한 채 각진 각신
부딪힌다.

네모난 집에 살며
모난 마음을 배우고
각진 말들로 서로를 베며 산다.

달은 둥글고
태양도, 하늘도, 심지어 우주도
모나지 않은데—
왜 인간의 마음만 네모로 굳었을까.

세상이 둥글게 생겼다면
사람도 좀 더 둥글게 살아갈 수
있었을까.
성게절이면 더욱 선명해지는
인간의 각진 본성들,
서로를 물고 뜯는 바보들.

나는 문득, 둥글게 사는 법을
잊어버린 우리를 생각한다.

선거는 서로 헐뜯는 네모난 마음들.
네모 공간에 살면서 네모로 사는 인간들!

너는 아니고, 나만 옳다.
너는 나쁜 놈, 나만 착하다.
이런 게 선거인가.
언론도, 유권자도, 후보자도
모두가 싸움판에서 적개심을
같은 느낌!!
선택의 자유는 좋지만 상대
진영을 극도로 비난하는 건
올바른 선거가 아니다.
저녁을 서둘러서 바로 자겠다
는 생각. 대통령 5년 제에서 3년
만에 파면된 대통령 선출하는
대통령 선거 투표날이다.
오후 8시 넘어서 전국의 투표 마치고
나오는 유권자들의 통계를 방송
마다 방송마다 발표. 다양 내용이
지역 후보가 우세하게 나왔다.
자정이 넘어야 결론. 결과는 보고 싶다. 잠이나 자자.

7 JUL	火 1	水 2	木 3	金 4	土 5	日 6	月 7	火 8	水 9	木 10	金 11	土 12	日 13	月 14	火 15	水 16	木 17	金 18	土 19	日 20	月 21	火 22	水 23	木 24	金 25	土 26	日 27	月 28	火 29	水 30	木 31

不以人廢言(불이인폐언) 사람이 좋지 않다고 해서 그 사람의 훌륭한 말까지 버리지 않음.

4.

Wednesday (수) Week 23
(5.9 甲辰) 155–210

6 June

가장 좋아하는 단어와 그 이유는 무엇인가요?

— 21번째 시의 건물 —
어렵고 힘들게
또 한 채의 건물을 지어 올렸다
수많은 재료가 동원되었고
서로 기술자라며
설계도를 놓고 다투며
좋은 재료, 나쁜 재료
다듬고 또 다듬어
결국 지어 올린 스물한 번째 건물

이런 방향
저런 높이
그런 방식으로
각자의 소견이 충돌했다
때로는 금이 가고
때로는 층이 무너졌다가
결국은 지어 올린 스물한 번째 건물

이런 방향
저런 높이
그런 방식으로
각자의 소견이 충돌했다.
때로는 금이 가고
때로는 층이 무너졌다가
결국은 지어 올렸다.

완공된 건물 앞에서
누군가는 박수를 치고
누군가는 기초부터 다시 보자고
소리치고
어떤 이는 여전히
저 건물은 위태롭다고 말한다.

스무 번째 건물 무너진 터전 위에
파란만장한 우여곡절, 우여곡절 끝에
겨우 세운
이 스물한 번째 건물

이제는
너는 무너지지 않기를
기둥 하나하나
벽돌 하나하나
제대로 살피고
제대로 쓰기를

이 건물은 우리가 살아갈 집이다.
이제는 잘 관리하며 하는 마음으로!
제발 좀
사람답게
살아 볼 수 있기를 간절히 간절히!

20대 대통령 파면. 21대 대통령 선거. 이재명 후보자 당선. 정말 말 많은 선거. 제발 이번엔 잘 임기 마치길 간절히 바라는, 기도
다행일까, 불행일까!

6	日	月	火	水	木	金	土	日	月	火	水	木	金	土	日	月	火	水	木	金	土	日	月	火	水	木	金	土	日	月
JUN	[illegible]	2	3	4	5	6	7	8	9	10	11	12	13	14	15	16	17	18	19	20	21	22	23	24	25	26	27	28	29	30

Content makes poor men rich; Discontent makes rich men poor. ⟨B. Franklin⟩

2025 -이기적인 인간-

Week 23 Thursday (목)
156–209 망종 · 환경의날 (5.10 乙巳)

5

동물은 배가 고프면 사냥을 한다.
식물은 햇살만으로도 광합성한다.

인간은?
배불러도 빼앗고.
가졌으면서도 불평한다.

거울 앞에서 "나는 옳아" 라며,
선행을 나누고.
마음은 욕망인 채로,
정의를 말한다.

법을 만든 것도 인간이고.
무너뜨린 것도 인간.
"하지마"라는 경고문 위에,
칼을 올리는 저주하나는 역이었다.

손을 잡기보다는 밀치고,
귀를 열기보다는 막는다.
말이 많아질수록,
진심은 더 멀어진다.

무지개를 바라보며 색깔 싸움을 하고.
같은 하늘 아래서,
누가 더 옳은지 계산기를
꺼낸다.

해서,
묻고 싶다.
누가 인간을 다시 교육할 것인가.
혹은 처음부터 다시 지어야 하나.
지혜가 아니라 사랑으로.

하니면,
다투는 법을 가르치지 않았던 생명들에게,
우리를 가르치라 부탁해야 할까.

21대 대선이 끝났다. 지지하지 않은 쪽, 패배한 쪽 일부 지지자들은 부정선거를 들먹거리며 선동하는 유튜버들을 들썩거린다. 그러면 반대편은 어쩌라고! 나는 옳고, 너는 그르고, 확증편향으로 고착화된 우리들은 왜 반대편은 생각하지 않을까, 못할까! 혼자만 세상도, 내편만 존재한 세상도 아니네! 너말 안듣고, 내말만 하고 살고 싶다! "이기적인 인간"이란 본성을 좇은 성찰하고, 축고해도 정답이 없구나!

7 JUL 1 2 3 4 5 6 7 8 9 10 11 12 13 14 15 16 17 18 19 20 21 22 23 24 25 26 27 28 29 30 31

만족은 가난한 사람을 부자로 만들고, 불만족은 부자를 가난하게 만든다. 〈B. 프랭클린〉

—뒤만 잘 보는 눈—

6.

Friday (금) Week 23
(5.11 丙午) 현충일 157–208

6 June

가족사랑, 자녀사랑, 조국사랑
부모사랑, 이웃사랑, 나라사랑,
인류사랑—
어느 사랑이 가장 값질까 묻는다.

살아 있을 땐 작게 보이던 사랑.
흔적이 된 뒤에야 산처럼 솟구친다.
사랑은 왜, 떠난 자리에만 그림자를 짓는가.

곁에 있을 땐,
숨을 쉬듯 제대로 보지 못한다.
정맥과 나처럼.
사랑은 곁에 있을 땐 안개 속에서
꽃을 낸다.

연인이 떠난 뒤에야
그 미소 하나가 태양 같았음을
안다.
부모님 눈을 감은 뒤에야,
그 손길이 바다 같았음을 안다.

헤어진 뒤에 떠올리는 눈을 보라,
함께할 때 마주보는 눈빛 하나가
더 큰 사랑일 터—
그 지혜는 어디에 숨어 있을까.

오늘도 우리는
뒤만 보는 눈으로,
가까운 사랑을 깨뜨리며 산다.

선거가 끝나고서야 출마자는 후회한다. 그런 말 괜히 했구나. 이렇게 했으면 좋았을 걸. 낙선자의 눈이, 입이, 혀가 본다 정확히!
부모님이 돌아가신 뒤에 후회.
연인과 헤어진 뒤에야 사랑 더 크게 느끼는 것처럼!
시험에 떨어지고 후회하고!
주식투자도 지나고 나면 더 잘 보이고! "뒤만 잘 보는 눈"을 지닌 인간인 걸 어쩌랴! ~ ~...

6 JUN	日	月	火	水	木	金	土	日	月	火	水	木	金	土	日	月	火	水	木	金	土	日	月	火	水	木	金	土	日	月
	1	2	3	4	5	6	7	8	9	10	11	12	13	14	15	16	17	18	19	20	21	22	23	24	25	26	27	28	29	30

Happiness depends upon ourselves. 〈Aristotle〉

—오늘의 숙제는 일체유심조—

2025

Week 23 **Saturday** (토)
158–207 (5.12 丁未)

7

매일 산책을 나갔다 돌아오면,
몸이 먼저 힘듦을 안다.
걸으면서 하늘도 보고,
꽃들과 미소도 나누었건만,
피곤이 어깨를 짓누른다.

등산은 숨결이 더 차고,
다리는 힘들었는데,
심신이 가벼워지다니.
신기하다.

바쁜 날,
시간에 쫓겨
뛰고 날며
일을 겨우 마쳤다.
이상하게 몸이 가볍고 개운.

몸이 한 일을,
마음이 받아 쓰이느냐에 따라.
08 남는 건 피곤이 아니라,
09 가벼움일 수도 있다는 것.
10
11 결국 생각나름
12 마음나름
13 정신나름이다.
그게 바로
일체유심조(一切唯心造).

오늘도 나는
어떻게 살아야 할지.
스스로 묻고 답하며,
긍정의 발걸음으로 산책하며,
하루를 사랑하며 시작한다.

등산을 다녀온 날은 몸이 가볍고
피곤하질 않다.
일을 보러 밖에 나갔다 오면 몹시
피곤해진다.
엊그제는 바쁜 일이 있어서 전철로
수양역 가서 물건을 받아 왔다. 절
에 가서 불공, 오레사에 시간 맞
춰 갈 일이 있어 부지런히 걸었다.
바쁠 때 시간이 정말 빠르게 달
린다. 두 군데의 약속을 나는 걸음
14 으로 성취했다. 힘들게 뛰고 날아도
15 일을 무사히 성취하고 나도 피곤하질
16 않다. 모든 게 맘나름, 생각나름이 맞
17
18 다! "오늘의 숙제는 一切唯心造"란
19 마음 다짐으로 시작한다. 새벽산책
부터!!~~~.

7	火	水	木	金	土	日	月	火	水	木	金	土	日	月	火	水	木	金	土	日	月	火	水	木	金	土	日	月	火	水	木
JUL	1	2	3	4	5	6	7	8	9	10	11	12	13	14	15	16	17	18	19	20	21	22	23	24	25	26	27	28	29	30	31

행복은 자신에게 달려 있다 〈아리스토텔레스〉

8 —행복의 씨앗을 심다—

Sunday (일) Week 23
(5.13 戊申) 159–206

6 June

밝은 하늘 위로
넓디넓은 공중이 펼쳐진다
모두가 내 것이다,
나는 그 공간에 하나의 희망을
심는다.

손도
병에도
친척도
욕망은 찰나의 꽃이 되고
그 누구의 간섭도 닿지 않는
무한한 우주,
나는 주인이 되어,
그 안에 행복나무를 심는다.

오늘,
이 하루에는 나의 정원에
나는 마음껏 씨앗을 흩뿌리고,
상상의 햇살로 물을 준다.

아도조
해도조
찰나의 숨결로
희망을 심는다
장애물 없이, 나의 속도로.

행복은 언제나
마음의 공간에서 시작된다.
황무지 같은 삶일지라도
나는 오늘
또 하나의 씨앗을 심는다.

내일을 꽃피울 희망이란 이름으로.

창안의 어린 아이를 바라보며 희망의 씨앗으로 본다. 중년에 접어든 아들 딸들은 희망나무로서 어느 정도 열매를 맺었다. 긍정의 희망으로 가족을 관찰하는 시각에 햇살이 따스하게 스며든다. 미래의 가족열매들, 성장하고 있는 모습이 흐뭇하다. 희망의 열매가 소망에 춤을 춘다. 생일축하 모임을 행하며 옛날의 모습이 주마등처럼 스쳐 번졌다. 창신동 꼭대기 꼭방에서 살 때. 아들이 엄마에게 생일축하 친구들께 내점 소홀했다고 투덜투덜. 충격을 받았지 생일에 대해 잠시 생각. 나를 세상에 태어나게 한 고마운 날이 생일! 가장 축하 받을 사람은 나. 엄마께 감사를 표했나. 자식은 께 감사할 뿐은 아니지만!!!~~

6 JUN 日 月 火 水 木 金 土 日 月 火 水 木 金 土 日 月 火 水 木 金 土 日 月 火 水 木 金 土 日
1 2 3 4 5 6 7 8 9 10 11 12 13 14 15 16 17 18 19 20 21 22 23 24 25 26 27 28 29 30

鵬程萬里(붕정만리) 보통 사람으로는 감히 생각도 못 하는 원대한 희망이나 큰 계획.

—숙성시킨 말—

오늘은 내 안의 말을,
내가 나에게 묻는다.

자주 말을 나누는 이 있다.
우연히 지인을 만날 때 인삿말을
나눈다.
하지만,
말이 아니고 예의일 뿐이다.

말은
주제를 앞에 두고,
차분히 주고 받을 때 비로소
생긴다.

요즘 나와 대화할 때가 더 많다.
그럴 때 세상이 더 밝게 보인다.

나에게 묻고,
내가 대답하고.
그러는 사이,
나를 인식하고.
그러는 사이,
나를 의식하고.
나를 건너가며,
나는 자라고 있다.

어린 아이처럼,
말을 배우며.

남과 나눌 땐 금방 사라지는 말.
나와 나눌 땐 오래 남는다.
보인다, 깊어진 말이.

말을 듣고,
말을 하면,
그 속에 철학이 묻어난다.

오늘도 나와 대화하며,
보람된 하루를,
조용히 숙성시키고 싶다.

아들의 일에 어머니의 가슴 아픈 현실의 보충이 안쓰럽고 애잔하다. 부하의 여성이 법적으로 고소 고발까지 진행하고, 참 어려운 현실. 윗사람, 상사, 사장이, 회장이 아랫사람이 여론이나 법적으로 더 힘을 발휘할 수 있는 세상이다. 위로가, 어떤 노력도 말 한마디 하기 힘든다. 참 송구히, "정치권" 분이 필요하구나! 말하기 힘든 현실!

7 JUL 火 1 水 2 木 3 金 4 土 5 日 6 月 7 火 8 水 9 木 10 金 11 土 12 日 13 月 14 火 15 水 16 木 17 金 18 土 19 日 20 月 21 火 22 水 23 木 24 金 25 土 26 日 27 月 28 火 29 水 30 木 31

멀티모달 시각, 청각을 비롯한 여러 인터페이스를 통해 정보를 주고받는 것.

—참, 거짓 감별기—

10. Tuesday (화) Week 24

(5.15 庚戌) 6·10민주항쟁기념일 · 6·10만세운동기념일 161–204

6 June

제발 거짓은 보지 마라
절대로 저 말은 믿지 마라
그런 유혹보단, 그 있음을, 오늘
꿈을—

달콤한 말엔 당분이 숨어 있고,
맛있다는 이유로 삼킨 것들은,
천천히 병으로 진행 한다.

세상에 너무 많은 것들이
너무 아무렇지 않게 섞여 있다.
해로운 것과 이로운 것,
빛과 그림자, 진실 거짓 광고가.

공기만 오염된 것이 아니다.
말의 사랑도, 약자의 사랑도,
장미 나무도, 가짐은 찔리며
느껴 진다.

우리는 무엇을 믿고
어떻게 살아가야 할까
참과 거짓을 측정할
현실같은 감별기가 있다면,
찾기가 욕심 없는 소망하지 않을까.
거짓이 세상을 망가뜨리고 있다.

시는 참이다. 시속에 미술과
조각과 예술이 들어 있다.
철학과 인생이 들어 있다!
이것이 옳다, 저것이 그르다,
그렇지 않다, 그렇다, 이것저
것들이 시다!
정치가들의 서로 옳고 그름의
싸움질은 어쩐지 끝나도 허
전한 나중 뿐이다!
시 속에 옳고 그름이 숨어
있다. 달콤한 음식은 질병을
키운다. 달콤한 언어도 고생
들에게 만든다! 시를 가르치며
삶을 가르친다! 보람을 느낀다!
참, 거짓 감별기는 내 안에 있
는 것이 보인다, 느껴진다!
솔직한 마음이다! ~~

08
09
10
11
12
13
14
15
16
17
18
19

6 JUN	日	月	火	水	木	金	土	日	月	火	水	木	金	土	日	月	火	水	木	金	土	日	月	火	水	木	金	土	日	月
	1	2	3	4	5	6	7	8	9	10	11	12	13	14	15	16	17	18	19	20	21	22	23	24	25	26	27	28	29	30

Old fools are more foolish than young ones. 〈La Rochefoucauld〉

-잡초 뽑기-

밝음은 세상을 심장으로 바라본다.
걱정이 많은 사람 옆엔,
확신이 많은 사람이 서 있다.

공정과 부정,
그 둘은 같은 땅에서 산다.
공정이 웃으면,
부정은 구석에서 한숨을 깨운다.
부정이 고개를 들면,
공정은 그림자처럼 사라진다.

인간의 내면엔,
항상 두 목소리가 부딪힌다.
하나는 길을 만들고,
하나는 길을 지운다.

부정은 숨기면 무거워지고.
공정은 보이면 빛이 된다.
곡식 밭에 매일 잡초를 뽑듯.
마음도 매일 걸러내야 한다.
오늘은 공정 눈으로 세상을 본다.
비뚤어진 마음을 다시 세운다.
내면의 잡초를 조용히 뽑으려고.

오늘의 모습을 노크하고 있다.
공정 아침 햇살이 기지개를 켜며.

대선이 끝난 지 일주일이 지났지
만 아직도 앙금을 품고, 남편,
내편, 나눔질만 여전하다
곡식 밭에 잡초를 제때 뽑아 버
리고 살지만, 잡초와 곡식을
제대로 분별이 되지 않아서!
확증 편향성을 좀처럼 벗어나
지 못하는 인간인 걸 어쩌랴!
공정과 부정의 두 마음을 지닌
인간!
다 걸러내고 공정의 마음으로
살자. 인간의 내면의 정리도 힘
드는데!
남을 끌어들이지 말고, 주인인
내가 나를 통제 해야는데!
하루에도 수없이 밀고 들어오는
잡초가 잘 뽑아내며 살아가자!
"잡초 뽑기" 인생을! ---

7 JUL 1 2 3 4 5 6 7 8 9 10 11 12 13 14 15 16 17 18 19 20 21 22 23 24 25 26 27 28 29 30 31

늙은 바보는 젊은 바보보다 어리석다 (라 로슈푸코)

12 -역경과 순경-

Thursday (목) Week 24
(5.17 壬子) 163–202
6 June

비틀거림 속에서 삶은 보는.
고통은 본래 능을 보이게 하지.
자전거를 처음 배울 때,
넘어질 쪽으로 핸들을 꺾으라 했지.
운전석에 앉아 위험이 닥칠 때,
반대편으로 핸들을 꺾으라 했지.

삶은 어느 때 자전거인가.
어느 순간 자동차인가.
휘청이는 걸음,
나는 무엇을 붙잡던가.
두 바퀴 위의 불안인가.
네 바퀴 위의 책임인가.

위험은 예고 없이 찾아와 나를
깨우고,
나를 가르치며,
살갗처럼 얇은 일상 위에,
내면의 근육을 붙인다.
넘어짐을 배운 때로 방향을 바꾸는 법.
고통은 버리는 법,
때로는 멈춰 서야 하는 법이야.
쓰러졌던 순간을 곱씹을수록 단단해지는 나.

독약도 잘 쓰면 약이 되는 때가 있고.
보약도 방심하면 독이 되지.
결국 삶은 끊임없는 질문,
나는 오늘 어느 쪽으로 핸들을 꺾을
것인가.

시련은 나의 훈계,
인생은 내가 몰고 가는 길이니까.

기우뚱!
"아이구 큰일 날 뻔했네!"
"조심해, 사고는 순간이야!"
짧은 순간에 넘어질 뻔한 위험
한 광경을 목격. 저 사람의
모습을 보고선 간접 체험을
하는 순간! 오늘의 산책길의
명상 주제는 "역경과 순경"
언제 닥칠지 모르는 순간, 역경,
이 삶에 보약! 살아가는 길에
역경과 순경이 예고 없이 찾
아오는 법! 항상, 마음
보약으로 삼자!

6 JUN	日	月	火	水	木	金	土	日	月	火	水	木	金	土	日	月	火	水	木	金	土	日	月	火	水	木	金	土	日	月
	1	2	3	4	5	6	7	8	9	10	11	12	13	14	15	16	17	18	19	20	21	22	23	24	25	26	27	28	29	30

Once you've got your helmet on it's too late to regret the battle. (Juvenal)

새벽,
관조와 관찰과 사색이 다른 하루다.
명상문을 열고,
오늘이란 방에 들어선다.

나만의 숨으로,
천천히 오늘을 만진다.
나를 살피고,
오늘을 살핀다.
살피다는 건,
그저 보는 것과 다르다.

보며 사는 것과 다르다.

보며 사는 것과,
무심히 보는 것,
그 사이에서,
무엇이 어떻게 존재하는지,
묻는다.

무상으로 배송받은 하루,
나는 어떻게 이 하루를 만날까.
하루를 지내는 게 아니라
하루와 약속을 지키는 것이다.

문제를 찾아
피하지 않고,
하루와 나 사이에,
말을 걸며 시작한다.

하루를 보내는 것이 아니다.
새벽의 약속을
저녁까지 지켜야 한다.
그리고 오늘 저녁,
텅 빈 그릇에
가득, 나를 담고 싶다.

새벽 명상 끝내고, 오늘의 삶을 정확히 보며 살자! 아가씨가 예쁜 강아지와 산책 중. 항올항올 돌던 강아지 날씨와 오줌을 싼다. 아가씨는 가방을 열더니 물병 꺼내 강아지 오줌에 물을 붓는다. 냄새 나지 않게, 아마이 나가가 없지적! 웃으며 환한 모습. "그 착한 모습 영원히 간직하세요" "네에"~~~ 자신과의 약속을 생생 지킬 수 있을 것 같다! 한 번 더 나와의 "오늘의 약속"을 새겨가는 하루의 삶!~

7 JUL 火 水 木 金 土 日 月 火 水 木 金 土 日 月 火 水 木 金 土 日 月 火 水 木 金 土 日 月 火 水 木
1 2 3 4 5 6 7 8 9 10 11 12 13 14 15 16 17 18 19 20 21 22 23 24 25 26 27 28 29 30 31

일단 철모를 쓰고 전투를 후회하는 것은 너무 늦다 〈유베날리스〉

—내 맘대로 살고픈 날—

14

Saturday (토) Week 24
(5.19 甲寅) 165-200

6 June

아침이 오기 전
나는 오늘을 어떻게 살지
장렬히 다짐해 본다

하지만 눈을 뜨자
생각이 먼저 나를 데리고 간다
할 일들, 말들, 조정들
이미 내 앞에 놓여져 있다

나는 그저
생각이 시키는 대로 심부름을 한다
일상의 장바구니를 들고
마음은 저만치 놓아둔 채

해가 기울고 나서야
문득 내 안의 나를 떠올린다
오늘 나는 어디에 있었을까
무엇을 원했는가

하루를 살았지만
하루를 살지 못한 듯
손에 쥔 건 다 흘러내린 물방울
같소
마음 한켠에 또 같은 후회가 스친다.

내 맘대로 산다는 건
무언가를 버리고,
무언가를 끝까지 껴안는 일일까
아니면
단 하나의 마음을 끝까지 지키는
일일까

내일은
생각보다 먼저 나를 쓰고 싶다
나를 나답게 만드는 일부터
해보고 싶다.

청계천 산책로엔 걷는 사람이
많다. '당신들은 생각을 쫓는가요'
'생각을 따라잡으려는가요'
생각을 맘대로 하는 것 같다.
분명 내면에 생각이 있을 터.
사람마다 생각을 지니고 살겠지.
생각을 다스리며 살고 싶지만 맘대
로 안 되는 생각! "맘대로 살고픈
날"이지만 생각이 방해를
놓는다! 마음과 생각 누가
이길까. 정답이 없는 것 같다!

6 JUN
日 月 火 水 木 金 土 日 月 火 水 木 金 土 日 月 火 水 木 金 土 日 月 火 水 木 金 土 日 月
1 2 3 4 5 6 7 8 9 10 11 12 13 14 15 16 17 18 19 20 21 22 23 24 25 26 27 28 29 30

氷炭不相容(빙탄불상용) 군자와 소인은 서로 어울리지 못함

-명확히 보는 법-

집 뒤에 낡은 빌딩이 있다
지나가던 사람들 걸음을 멈춘다.
한참을 바라보다 핸드폰을 꺼낸다.
감탄과 함께 사진을 찍어댄다.

뒤돌아 보니
빌딩은 담쟁이넝쿨로 지어졌다.
매일 지나며 무심히 지나친 것.
매일 봐왔지만,
지금 처음 보는 얼굴.

왜일까
매일 보면 보이지 않고,
처음엔 유난히 또렷하다.

나는 다시 본다, 자세히.
길바닥 틈새에 낙엽을 줍는 노인.
한 움큼 가득 쥐고 있다.
무슨 의미있는 행위인 듯
의심을 품었던 나.

다시 본다, 더 자세히.
낙엽 아닌 쓰레기.
길바닥 청소하시는 노인.
묵묵한 뒷모습.

순간
나의 좁았던 시선이
얼굴을 붉힌다.

나는 이제야 안다
제대로 본다는 것은,
그저 바라보는 것이 아니라는 걸.

세상을 보는 법을.
나는 오늘,
새롭게 터득한다.

명상 산책을 나선다. 집 뒤에 빌딩 지나가던 사람들 세웠다. 담쟁이 넝쿨이 건물 죄다 덮었다. 완전히 담쟁이 넝쿨로 지은 건물. 자주 봤지만 오늘은 새로운 느낌. 산책하며 보는 것에 대한 명상! 노인이 길바닥에 무언가 줍는다. 주먹 가득 쥐고. 왜 쓸데 없는 걸 주울까. 쓰레기를 줍는 청소를 한다. 의아했던 나 자신이, 미안하오, 제대로, 명확히 보는 법을 배워서 봐야겠다!

7	火	水	木	金	土	日	月	火	水	木	金	土	日	月	火	水	木	金	土	日	月	火	水	木	金	土	日	月	火	水	木
JUL	1	2	3	4	5	6	7	8	9	10	11	12	13	14	15	16	17	18	19	20	21	22	23	24	25	26	27	28	29	30	31

徙家忘妻(사가망처) 중요한 일을 잊어버리는 얼빠진 사람을 비유

-맘대로 살고싶어-

16

Monday(월) Week 25
(5.21 丙辰) 167–198

6 June

100세까지 산다면 어떻게 살고 싶나요?

하고 싶은대로 살고 싶다.
시간에 끌려가지 않고,
남의 눈치도 보지 않고,
오늘의 주인은 오직 나이기에.

하지만,
오늘은 먹구름을 내세워 말린다.
우산을 챙겨라.
얇게 입지마라
모자를 써라
오늘도 세상은 명령으로 가득.

푸른 정원수는 아무 말도 없다.
바람이 불면 춤추고.
비가 오면 온몸으로 맞고.
햇살이 쨍쨍하면 그 빛을 품어안는다.
누가 뭐래도 제 멋대로, 제 자리에.

나는 왜 이토록
세상의 모든 간섭에 시달렸까.
누가 정답이라고 외치면
그게 진짜일까 고개를 끄덕이고.
내가 나를 잃어가는 걸 모른 채.

이젠 정원수에게 배워야겠다.
흔들릴지언정 꺾이지 않고.
자기 계절을 살아내는 힘을.

새벽 명상을 끝내고 산책을 나선다.
오늘 서울 낮시부터 장마. 오후 4
시쯤에 비가 많이 온다는 일기예
보. 오전에 밖으로 나오니 오전엔
비 안온다는 예보. 밖에는 빗
방울이 후드득, 소록소록.
다시 들어와 우산을 챙겨서 나
간다. 나의 하루를 내맘대
로 안된다. 하늘의 구름이
시키는 대로 따라야 한다.
하나도 내맘대로 안된다.
정원의 푸른 숲은 자기 멋대
로 사는데!
식물들이 사는 법을 배워서
살면 좋겠다. '맘대로 살고싶어'
한 가지 써도 오늘은 첫 발걸음
많이 한 걸이다!

6 JUN	日	月	火	水	木	金	土	日	月	火	水	木	金	土	日	月	火	水	木	金	土	日	月	火	水	木	金	土	日	月
	1	2	3	4	5	6	7	8	9	10	11	12	13	14	15	16	17	18	19	20	21	22	23	24	25	26	27	28	29	30

LLM 거대언어모델. 대용량 인간 언어를 이해하고 생성할 수 있도록 훈련된 인공지능(AI) 모델.

오늘도 천천히 걷는다.
발을 내딛 때마다, 보이지 않는
무언가 감긴다.
어릴 적 나를 감싸던 부모의 손길이
첫 번째 줄이었다.
그 줄이 없었다면 지금의 나도 없었
을 것이다.
사라진 듯하지만, 그 손길은 내
안에 깊이 스며 있다.

그 다음 줄은 형제였고, 아내였고,
자식들이었다.
가늘게 흔들리는 줄도 있고, 끊어진
줄도 있다.
그러나 끊긴 줄에서도 진동은
남는다.
그들은 결코 완전히 떠난 적이 없다.

걸음을 옮길 때마다 인연의
실들이 내 몸을 감싸온다.
좋은 줄, 사라진 듯한 실뭉줄—
그 어떤 줄도 삶과 무관하지
않다.
오늘도 줄이 나를 지키고, 나를
짓는다.

나는 한 줄의 끝이 아니다.
수많은 줄들이 겹쳐진 자리,
태어나고 걷고 넘어졌던 시간의 흔적
이다.
그 줄들은 관계였고, 기억이며, 시
간이다.

말없이 지나간 사람도,
내 곁에 머문 사람도
각자의 실을 내게 건넸다.

끊을 수 없는 인연이란
끝이 없다는 뜻이 아니라
언제나 다시 이어진다는 뜻이다.

지금 내가 걷는 이 길,
그 자체가 삶이라는 조직의 순간이다.

명상 걸음 한 발자국씩 연결고
리로! 하늘과 땅, 천지만물의
연결 고리. 낡은 건물도 수많은
연결로 인연이 고리로 연의 줄이다.
인연의 줄로 생을 잇는다. 오늘의
걷기명상은 "인연의 줄"이다!
삼라만물은 인연의 줄로 연결!

7 JUL	火	水	木	金	土	日	月	火	水	木	金	土	日	月	火	水	木	金	土	日	月	火	水	木	金	土	日	月	火	水	木
	1	2	3	4	5	6	7	8	9	10	11	12	13	14	15	16	17	18	19	20	21	22	23	24	25	26	27	28	29	30	31

四顧無親(사고무친) 의지할 만한 아는 사람이 ... 없음.

—겉과 속의 표현—

18

Wednesday (수) Week 25
(5.23 戊午) 건설의날 169–196

6 June

옷은
계절 따라 갈아입는 옷이다

얇은 천, 두꺼운 코트처럼
형편에 맞춰 입는다지만
옷이 나를 감싸는 건지
타인의 눈을 감추는 건지
문득 헷갈릴 때가 있다

나를 쉬게 하려 집을 가꾸는 건지
남의 시선을 의식하여 꾸미는 건지

값비싼 장식이 진심을 대신하고
고급 가구가 지친 마음을 숨긴다

평생을 살아도
나를 위해 사는 건지
보이기 위해 사는 건지
그 마음조차 모른 채
떠나는 날들이 많다

어떤 삶이 보람인가
어떤 옷, 어떤 옷이
진짜 나를 품고 있을까

곰곰 새겨 보니,
삶의 무게만 더 느껴진다.

점심을 먹으러 나갈 준비를 한다. 날씨는 무덥고, 무슨 옷을 입을까. 이옷저옷을 만져본다. 아침 산책 때는 아무 옷이나 입고 나갔었는데!
왜일까?
조계사 공양간에 가서 하는 식사. 도반들 낯익은 보살님이 얼굴만 보는 게 아니라 입고 있는 옷을 더 볼 거라는 생각! 아내를 만나면 같이 만나는 도반들 때문에. 입은 옷이 아내 옷까지 되는가! 옷이나 외모 신경 별로 안 쓰는 성격인데! 남을 위해서 입는가, 나를 위해서 입는가!
"겉과 속의 표현"이란 사색으로 시 한 편, 오늘의 시를 쓰며 삶을 생각해본다! ~ ~ ....

6	日	月	火	水	木	金	土	日	月	火	水	木	金	土	日	月	火	水	木	金	土	日	月	火	水	木	金	土	日	月
JUN	1	2	3	4	5	6	7	8	9	10	11	12	13	14	15	16	17	18	19	20	21	22	23	24	25	26	27	28	29	30

All is not gain that is got into the purse. ⟨Lawrence Sterne⟩

—고쳐가며 살기—

두 가족의 그림 그리기 시합을.
종이는 한 장, 연필도 한 자루만.
지우개 사용 못해 다시 못 고치고.
나이 순서대로 이어 그리는 규칙.

큰 가족은 아이부터 시작 어른으로.
작은 가족은 어른부터 아이로.

먼저 그린 그림은 손을 놓지 못해,
다음 사람의 선 위에 조심스레 선을 얹는다.
삐뚤어진 강이 산이 되고.
흘러간 구름이 얼굴이 됐다.

어른의 선을 변화 못시킨 아이.
그 틈에 작은 나무를 심는다.
그림의 의도를 망가뜨려버렸다.

08 고쳐가며 살아가는 일.
09 익숙한 말에 의심을 입히는 일.
10 서툰 말에서 진심을 찾는 일.

오늘은 왼쪽으로 살아볼까.
오른쪽으로 걸어볼까.
잠시 망설이다 보면.
그러다 하루는 어느새 끝나 버렸다.

잘했든, 못했든, 하루의 삶이었다.
고치지 못한 지금이 보약이란 걸
깨달았다.

이것을 하려다가, 저것을 해버리고. 이 주식을 사려다가 저 주식을 사버리고.
내 맘을 내 맘대로 못하고.
삶이란 자신이 만드는 것 같지만,
결론은 다르게 될 때가 많다.
창틀 밖에 얼룩진 벽지에 무늬가
구름 같고, 날짐승으로 상상되고,
따라서 그려볼 때가 있다.
방과 밖의 얼룩을 보며 그림으로
완성시켜 본격으로 그림을 완성해 보기로 한다. "고쳐가며 살기"란 제목으로 상상의 그림을 고쳐며 오늘의 시를 써본다! ~~

7 JUL 火 1 水 2 木 3 金 4 土 5 日 6 月 7 火 8 水 9 木 10 金 11 土 12 日 13 月 14 火 15 水 16 木 17 金 18 土 19 日 20 月 21 火 22 水 23 木 24 金 25 土 26 日 27 月 28 火 29 水 30 木 31

수중에 넣었다고 해서 모든 것을 얻은 것은 아니다. 〈로렌스 스턴〉

20

—처음과 지금—

Friday (금) Week 25
(5.25 庚申) 171–194

6 June

사춘기 때도
결혼을 준비할 때도
가슴이 먼저 말을 걸었다
모든 걸 줘도 아깝지 않은,
세상에서 가장 찬란한,
얼굴이었다.

세월은 숨 가쁘게 날려가
처음을 쓸어 담아
기억 뒤편에 던져 놨다.

성년이 되어도,
소년의 설렘은 연기되지 않았다.
부끄러움만 눈에 밟히고,
지금은, 처음과 살면서도
무덤덤한 하루로 채워진다.

노년에 이르러,
쓰레기 더미에서 처음이 보인다.
고마움을 잊고 살아온 세월,
허비한 추억만,
처음이란 이름표를 달고 있다.

아, 이것이 삶의 길이었구나.
처음에게 말해주어도.
그는 알아듣지 못하고.
지금에 이르러서야,
비로소 처음을 이해 한다.

처음은 화려한 화장.
지금은 화장만 못 받는 민낯.
처음과 지금,
서로를 속인 거짓말쟁이.

어느 노부부는 하늘만 허탈하게
바라보며 서있다.

처음엔 설레는 가슴, 풍족한 애정의 시선이 살다가 세월속에 낡아 버리고, 서로의 내심으로 이혼도 하고. 낡아진 몸, 흐트러진 생각, 마음으로 살아오다가, 버리어 오다가 쓰레기가 다 되어간 노년엔 처음 만남의 감정을 되새겨 보려 애쓰지만 하늘의 구름은 흩어져 버렸다. 노부부가 정답게 하늘을 바라보고 있다. "처음과 지금을 방각하게!!~^^.

6 JUN	日	月	火	水	木	金	土	日	月	火	水	木	金	土	日	月	火	水	木	金	土	日	月	火	水	木	金	土	日	月
	1	2	3	4	5	6	7	8	9	10	11	12	13	14	15	16	17	18	19	20	21	22	23	24	25	26	27	28	29	30

A woman's guess is much more accurate than a man's certainty. 〈R. Kipling〉

-계절의 숨소리-

봄이 오면 겨울은 숨어서 울고,
여름이 되면 가을이 고개를 든다.
가을과 함께 걷다 보면,
등 뒤에 어느새 겨울이 와 있다.
추운 겨울과 싸우다 보면,
봄웃음이 다시 창문을 두드린다.

사계절은 오가는 것이 아니다.
인간의 삶을 바라보며,
관심하고, 때론 간섭도 한다.

철학처럼, 시처럼
끊임없이 순환하며 조율한다.
배내가 봄의 풍경을 떠받는 듯,
사계는 인간을 감싸 치유해 준다.

보이진 않지만 분명 작용하는 힘,
소리없이 숨는 계절의 손길.
대자연의 은혜를 잊은 인간,
계절을 흔들어 고장만 내고 있다.

너와 내가 있어
우리가 되는 삶을,
되새기며 살아야 하겠지.

사계절의 숨소리에 맞춰 살아 가는게 인간인데 느끼지 못할 때가 있소, 쓰 쫓기고 시달린 때도 있다.
밖에 나가려면 우산을 가져갈까, 말까, 하다 올까 ....
계절의 숨소리까지 느껴야 하는 세상!
계절이 오가는 게 아니라, 사람을 관심하고 때로 간섭까지!
AI가 관찰하고, AI가 대신 일해 주는 세상!
대자연의 섭리 속에서 인간은 어떻게 살아야 할까, 곰곰 생각하며 살아야 하리!

08
09
10
11
12
13
14
15
16
17
18
19

7	火	水	木	金	土	日	月	火	水	木	金	土	日	月	火	水	木	金	土	日	月	火	水	木	金	土	日	月	火	水	木
JUL	1	2	3	4	5	6	7	8	9	10	11	12	13	14	15	16	17	18	19	20	21	22	23	24	25	26	27	28	29	30	31

여성의 추측은 남성의 확신보다 정확하다. 〈R. 키플링〉

— 이질적 조화 —

22

Sunday (일) Week 25
(5.27 壬戌) 173–192

6 June

울퉁불퉁 자유인들, 생긴 모양도
마음도 다른데 한곳에 선다.
다르기에, 그 다름이 모여,
하나보다 더 힘을 만든다.

모두 같은 성질, 같은 모양이면
태풍 앞에 쉽게 무너지는 벽.
그러나,
다른 것들의 결속은
한몸처럼 단단하다.

한 코너에서 몸싸움하는 선수들.
서로를 모르기에 더욱,
조심스럽고.
계산이 다르기에.
승패조차, 각자 다르게 예측한다

서로 다른 삶을 살은 손님,
서로 옳다 말하는 선거의 결과.
그 다름이 조합이 서로 민주사회.

세상에 동일한 건 하나도 없다.
해서, 우리는 함께 살 수 있다.

수백 년 버텨낸 돌탑처럼.
서로 다른 것들이기에 버텨낸 세월.
인생살이 조화시가 아닐까.

종묘 담길에 사람들이 많이 다니는 축담.
오백년 이상 견뎌온 담장, 모양이나, 돌 강약, 질… 등이 다른 성분의 돌들이 결합하여 수백년을 지켜온 튼튼한 담.
서로 다른 성분, 성질, 본질이 합해서 힘을 받기 때문에 더 강하게 살아간다.
서로 다른 지지자들의 선택의 결과가 민주주의 사회가 아닌가.
대선도 나름의 시끄러움도 겪어 왔으니 튼튼한 나라의 담장이 됐으면 싶다!
"이질적 조화"의 원리가 아닌가!

6 JUN	日	月	火	水	木	金	土	日	月	火	水	木	金	土	日	月	火	水	木	金	土	日	月	火	水	木	金	土	日	月
	1	2	3	4	5	6	7	8	9	10	11	12	13	14	15	16	17	18	19	20	21	22	23	24	25	26	27	28	29	30

使驥捕鼠(사기포서) 사람을 적재적소에 쓸 줄 모르는 것을 비유.

—숨바꼭질하는 마음—

새벽,
몸보다 먼저
마음이 깨어난다.

달리는 시간처럼
마음도 달아난다—
왔다 갔다,
잠시 문밖 바람처럼 나갔다가
슬그머니 내 안으로 숨어든다.

오늘,
나는 나를 감시한다.
어떤 얼굴로
어떻게 하루를 살아낼지
감시자처럼 바라보니
시간은 어느새 저만큼 가 있고
마음은 그 뒤를 따라간 듯
내 안 어딘가 숨어 있기도.

오늘 하루도
숨바꼭질하는 마음을
살금살금, 놓치지 않고 따라가려
결심했지만.

철없는 마음,
이랬다
저랬다
속이 다 보이는 투명한 아이.

정신줄을 놓고
제멋대로 날뛰는 그 마음에
나는 조용히 경고장을 날린다—
"바짝 차려야 해".

생각과 마음과 정신,
셋이 하나가 되어
오늘을 지키는 일.
그게 나의 하루가 되게 말이다.

새벽에 일어나 "오늘" 보람되게 채우자고 다짐. 몸과 마음을 곧추 세워, 절에서 배웠던 108배부터. 마음, 생각, 정신을 정돈해서 오늘 보고 나를 성찰하는 108배. 108배는 기도며, "나"를 보며 하루를 나쁘지 않게 사는 삶의 정기! 마음을 다잡았지만 계획없던 전화. 마음 흔들리고 정신없는 하루에 놓아간 마음, 생각, 정신! "숨바꼭질하는 마음"돼버린 하루였다!

7 JUL
1 2 3 4 5 6 7 8 9 10 11 12 13 14 15 16 17 18 19 20 21 22 23 24 25 26 27 28 29 30 31

인공지능(AI).

— 숨겨진 같음 —

24 **Tuesday** (화) Week 26
(5.29 甲子) 175–190

6 June

지구가 돌고 돌아
새벽빛 씨앗을 정원에 뿌린다

넓적한 백목련의 속정
길쭉한 느티나무의 얼굴,
뾰족한 눈의 쪽동백의 [illegible] 눈매
동글뾰족한 배롱나무 이파리
씨름선수처럼 늠름한 은행나무 몸집.
쪼글쪼글, 생기다 만 회양목이
귀여운 얼굴.

산들바람에 실려
소곤소곤 이야기꽃 피운다
각자 생긴대로
새벽을 노래하며 깨운다.

모두 같은 나뭇잎 뿐이라면.
얼굴도, 생각도, 마음도 같다면.
집 안의 가구들마저
똑같이 생겼다면.
세상은 얼마나 심심하고 밋밋할까.

다른 생각, 다른 마음을 지닌다.
천만다행이다, 난.

서로 다름으로 어울려,
조화로운 하루를 살자.

새벽이 왔다 또. 살랑살랑 바람이 정원수들 깨운다. 나뭇잎들은 생긴대로 대답하며 속삭인다. 종묘 담 너머엔 5백년 이상된 상수리나무는 까마득 높고 늠름하다. 이른 새벽에 산새들이 삐이르르 삐이릇. 짹짹짹 참새네 늦잠 자지 말라고 깨우는 소리. 모두가 똑같이 생긴 나무라면, 똑같은 새의 노래라면, 다른 모양, 다른 생각, 다르게 생긴 가구, 다르게 생긴 옷, 다르게 생긴 생각, 마음이라 조화를 이루며 산다는 생각을 하니, 다름 속에 진정한 조화가 있구나! "숨겨진 같음"이 진정한 조화를 만나는구나! 다름 속에 진정한 조화가 숨어있는 법...

6	日	月	火	水	木	金	土	日	月	火	水	木	金	土	日	月	火	水	木	金	土	日	月	火	水	木	金	土	日	月
JUN	1	2	3	4	5	6	7	8	9	10	11	12	13	14	15	16	17	18	19	20	21	22	23	24	25	26	27	28	29	30

I want to bring out the secrets of nature and apply them for the happiness of man. (Edison)

—정확히 보는 눈을 쓰기 위해—

확 던진 공, 다시 던질 수 없고
툭 차버린 공, 다시 찰 수 없고
툭 내뱉은 말, 다시 삼킬 수 없고
지나간 세월, 되돌아오지 않고
늙은 몸, 다시 젊어질 수 없다.

인생이란
지난 일을 후회하는 연습장.
잘못한 일을 반면교사 삼는,
어설프고 진실한 여정이다.

잘못이 많은 게 사람
스스로 보는 게 비정상
남의 허물은 현미경으로 보고.
자기 허물은 맨눈으로도 놓친다.

나를 더 잘 보기 위해
나는 오늘도 거울 앞에 선다.
스스로 시력검사 하듯
내 마음의 눈금을 조정한다.

본다, 정확히 본다.
말은 쉽지만, 정확히 본다는 게
정말 어려운 일!
어제 산 주식이 많이 올랐는데
오늘 확확 내린다.
보고 또 보며 결론을 내려도
제대로 보지 못한다.
본다! 마음을, 생각을, 정신을!
정확히 본다는 것, 삶을 본다는
건 어려운 일!
남을 쉽게 보지만 자신을 보기
가 가장 어려운 일!
"정확히 보는 눈을 쓰기 위해"서
사색하고, 명상하며 하루를,
오늘을 산다!
그래도 자신을 보기가 제일 힘들다!

7 JUL	火	水	木	金	土	日	月	火	水	木	金	土	日	月	火	水	木	金	土	日	月	火	水	木	金	土	日	月	火	水	木
	1	2	3	4	5	6	7	8	9	10	11	12	13	14	15	16	17	18	19	20	21	22	23	24	25	26	27	28	29	30	31

나는 자연의 비밀을 캐내어 그것을 인류의 행복을 위해 쓰고 싶다. 〈에디슨〉

-끝자락의 망설임-

26

Thursday (목) Week 26
(6.2 丙寅) 177–188

6 June

천장에 매달린 커다란 선풍기
휘이익, 시작은 거침없다
망설임도 없이 돌고 돈다

하지만 꺼지는 순간
빙글빙글, 한참을 맴돈다
알면서도 스스로 멈추지 못하는 듯

내 과거도 그랬다
시작은 용감했고
끝은 늘 주춤거렸다

이별 앞에서 멈칫,
미련 속에 실패한 일들
말 한마디 못하고 떠나간 시간들.

스위치는 꺼졌지만
내 마음은 여전히 돌고 있었다
선풍기처럼, 그 자리에 남아.

시작도 끝도
후회없이 살 수 있다면.
천장의 선풍기처럼 살 수 있다면.

바람은 짧지만,
그 자국은 오래 남을 테니.

선풍기를 끄고자, 하나 둘 셋…
멈춰 설 때까지 빙글빙글 도는
걸 한참 본다. 느낀다. 살아온
삶을! 끝에는 망설임도 후회도
하며, 지난 삶을 되살린다.
스위치가 꺼진 뒤에 미련을 가
지고 쉽게 결론을 끝내지 못하
는 때가 많았지. 실패를 하여
나, 만족치 못한 결론이 많았지!
시작은 쉽게 하고, 끝나는 인생
이 허무한 삶이면 안되겠지.
시작도 신중하면 마무리도
좋은 경우가 많지!
"인생살이는 시작과 끝이다"
매일 같이 살아온 삶 속에
선풍기를 켜고 끄는 일이
많았건만, 오늘은 "끝자락의
망설임"이 깨달음 주나!~~

6	日	月	火	水	木	金	土	日	月	火	水	木	金	土	日	月	火	水	木	金	土	日	月	火	水	木	金	土	日	月
JUN	1	2	3	4	5	6	7	8	9	10	11	12	13	14	15	16	17	18	19	20	21	22	23	24	25	26	27	28	29	30

If the target is lost, then victory is meaningless. 〈Nehru〉

~나 아는 나~

그 사람이 나를 보고 있다.
그 친구가 나를 안다고 말했다
날마다 스치는 많은 눈빛들이.
내 걸음걸이를,
입술 끝의 말버릇까지,
남들이 나를 나보다
더 잘 아는 것 같다는 생각.

소름이 오싹 끼친다.
남이 나를 훤히 들여다 본다는
그 불안한 상상
비밀금고 처럼
나를 감추고 살 순 없을까.

남이 알고 있는 나의 단면
내가 놓친 나의 깊은 그림자
살얼음판을 걷는 느낌
내가 나를 안다고 믿는 오판
남이 나를 안다는 착각의 오산
계산이 틀린 채
서툴게 살아가는 나.

어떻게 봐야 할까
어떻게 살아야 할까
이 모든 게
인생이라는 숙제 아닐까.

조계사 공양간으로 점심을 먹으러 간다. 넓은 공간에 사람이 가득. 집에선 나물, 야채 반찬이 없어 한 두가지로 식사. 나물, 야채를 먹으려고 간다. 매일 일곱가지 반찬, 미역국. 집에서 먹지 못하는 반찬을 먹기 위해서다.
점심 시간이면 두 줄로 길게길게 늘어선 모습. 자주 만나는 도반, 아내가 잘 아는 도반도 많다.
옷을 아무렇게나 입을 수도 없는 일.
남이 나를 더 알고, 어떤 사람은 나를 더 정확하게 본다. 왜곡시킨 나의 겉모습을 보고 아내와 계산해서 판단하는 사람들. 초라한 모습으로는 나설 수가 없어 신경 쓰인다. 남이 보는 나와 내가 아는 나는 다른 법!
"나 아는 나"를 되새기며 나의 내면을 장조하는 나의 인생 숙제다!!! ~~

7 JUL
火 水 木 金 土 日 月 火 水 木 金 土 日 月 火 水 木 金 土 日 月 火 水 木 金 土 日 月 火 水 木
1 2 3 4 5 6 7 8 9 10 11 12 13 14 15 16 17 18 19 20 21 22 23 24 25 26 27 28 29 30 31

목표를 잃으면 승리한다 해도 그것은 의미가 없게 된다. 〈데루〉

—손끝의 세상—

28

Saturday (토) Week 26

(6.4 戊辰) 철도의날 179–186

6 June

문자가 말을 대신하고
이모티콘이 마음을 그린다

너와 나 사이,
한 뼘 거리엔
화면이 담장을 세우고

손편지는 기억 저편
누군가의 추억으로만 남는다

눈빛보다 빠른 손가락
말보다 편한 이모지
우리의 말은 점점 짧아지고
침묵은 더 길게 남는다

AI가 묻고,
AI가 대답하고
나는 그저 손가락으로 끄덕인다

대면의 시대는
옛모습으로 퇴장하고
손끝이 전하는 세상이
모두의 언어가 되었다.

대면의 말, 손편지, 인터넷 편지, 이모티콘, 이모지… 어디까지 의사소통이 발전할까, 변할까?
세상은 변하고 있다. 의사소통의 변화는 어디까지 갈까!
손편지로 소통하다가, 인터넷, 핸드폰의 소통 문자도 짧아졌고, 간단한 이모티콘, 이모지… 계속 변해가는 현실!
날마다 일기를 쓰면서, PC 보다는 손동작, 손글씨로 후세에 남기고 싶어 매일 쓴다.
손끝으로 툭툭치면 쓰고 싶은 걸 다 말할 수 있지만 손글씨, 손가락 보수를 사용하며 배움을 사는 게 좋다. "손끝의 세상"을 마지막 열심히 남기고 싶다!
100여년 쯤 지나면 손으로 글을 쓰는 게 없어지지 않을까!…

6	日	月	火	水	木	金	土	日	月	火	水	木	金	土	日	月	火	水	木	金	土	日	月	火	水	木	金	土	日	月
JUN	1	2	3	4	5	6	7	8	9	10	11	12	13	14	15	16	17	18	19	20	21	22	23	24	25	26	27	28	29	30

死而後已(사이후이) 죽을 때까지 있는 힘을 다하여 그 일을 끝까지 함.

아주 어렸을 때의
아빠 목소리가 들려왔다.

공양간,
수많은 숟가락들이
말을 섞고 있다

밥을 먹는 건지
말을 먹는 건지
잔반이 반찬인지
국한잔이 넘치는지

아빠가 어느새 다가와
"식불언!"
한마디 남기고
등을 돌렸다

잠시 나의
숟가락이 힘없이 눕는다

그 말은,
명상하듯 먹으라는 뜻인가
말실을 가려 먹으라는 뜻인가
기쁨의 마음으로 살라는 뜻일까

숟가락이 누운 사이
나는 마음으로 밥을 먹는다

먹는 것이 소중한가
먹는 마음이 더 소중한가

나는 오늘 점심을
먹지 않으며 먹었다.
진짜 영양가 있는 한 끼를
오랫만에 맛보았다.

마음배가 둥둥 불러온다.

삭발하고, 경안 청소 부터 하고
샤워를 하고서, 깨끗한 몸과
마음으로 조계사 공양간으로
간다. 깨끗한 마음으로 식당
으로 왔지만 마음 속엔 먼지만
날아오는 느낌! 식사 중 시끄럽게
떠드는 먼지. 줄 서 있는 순서를 무
시하고 새치기. 조용히. "묵언" 식
중 묵언" 써 붙인 종이에 먼지만 계
속 날아 앉는다! "명상식사"를
위해 차분히 먹는다. 맛식사를!...

7 JUL
火 水 木 金 土 日 月 火 水 木 金 土 日 月 火 水 木 金 土 日 月 火 水 木 金 土 日 月 火 水 木
1 2 3 4 5 6 7 8 9 10 11 12 13 14 15 16 17 18 19 20 21 22 23 24 25 26 27 28 29 30 31

三昧境(삼매경) 마음을 바르게 유지시켜 망념에서 벗어남

— 내면의 우산 —

30

Monday (월) Week 27
(6.6 庚午) 181–184

6 June

아침이면
하늘보다 먼저
핸드폰을 검색한다

구름 많음
영점 몇 밀리의 비
시간마다 달라지는 일기예보

기계가 거짓말을 하는 걸까
사람이 진실을 흐리는 걸까

문득
내 마음도 그런 것 같다
이랬다 저랬다
잠깐도 맞지 않은 기상예보처럼.

스물네 시간
변덕이 내 안에 산다
장맛비는 하늘보다
내 안에서 먼저 시작된다.

그래서
나는 언제나
작은 우산 하나를 들고 산다.
흔들림을 피하려는 마음.
거짓에 젖지 않으려는 의지

깨어 있는 마음이란
그저 젖지 않기 위해
우산을 잊지 않는 것

잠시 내면의 우산을 펴 본다
어두운 밤 활짝 펴지는 우산.
전등불로 환하게 번져진다.

장마도 아니고, 장마 같은 날씨라 기상예보도 정확하질 않다. 밖에 나가려고 서울 날씨를 핸드폰으로 검색. 오후 3시부터 비가 온다고. 한 시간 있다가 또 다른 예보. 사람이 거짓말을 하는가, 핸드폰이 거짓말을 하는지. 헷갈린다. 아차! 이것이 남의 탓만 아니다. 내 마음 역시 이랬다, 저랬다. 누구 탓을 하랴! 인간의 마음이 이런 걸. 하니 내 마음이 생각이 더 문제인걸! 내면의 마음을 잘 챙기며 살아야지!...

6 JUN 日 月 火 水 木 金 土 日 月 火 水 木 金 土 日 月 火 水 木 金 土 日 月 火 水 木 金 土 日 月
1 2 3 4 5 6 7 8 9 10 11 12 13 14 15 16 17 18 19 20 21 22 23 24 25 26 27 28 29 30

호모 프롬프트: 시와의 소통을 통해 인공지능 서비스를 적재적소에 사용할 수 있는 사람

초등생 손주들 작품

김진진 (장남 김원의 큰아들)

김도도 (장남 김원의 작은아들)

김 윤 (차남 김정의 큰딸)

김채강 (차남 김정의 작은딸)

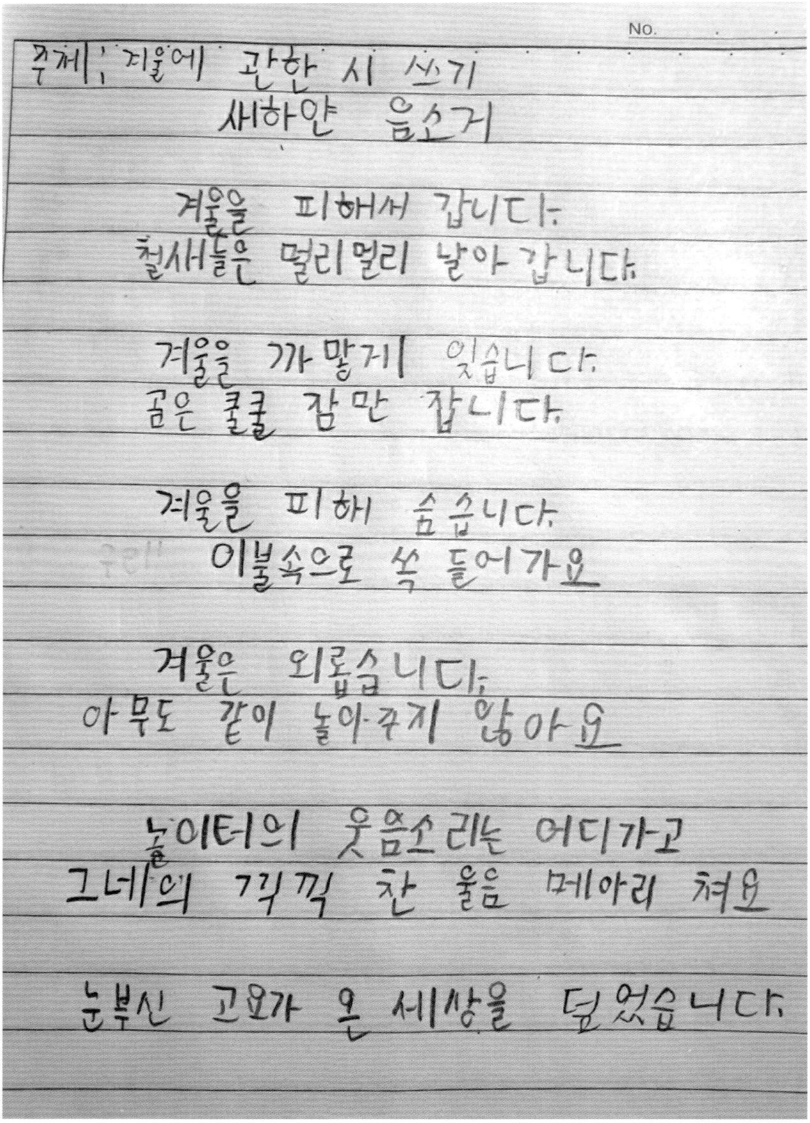

주제; 겨울에 관한 시 쓰기

새하얀 음소거

겨울을 피해서 갑니다.
철새들은 멀리멀리 날아 갑니다.

겨울을 까맣게 잊습니다.
곰은 쿨쿨 잠만 잡니다.

겨울을 피해 숨습니다.
이불속으로 쏙 들어가요

겨울은 외롭습니다.
아무도 같이 놀아주지 않아요

놀이터의 웃음소리는 어디가고
그네의 끽끽 찬 울음 메아리 쳐요

눈부신 고요가 온 세상을 덮었습니다.

*김진진(장남 김원의 큰아들)

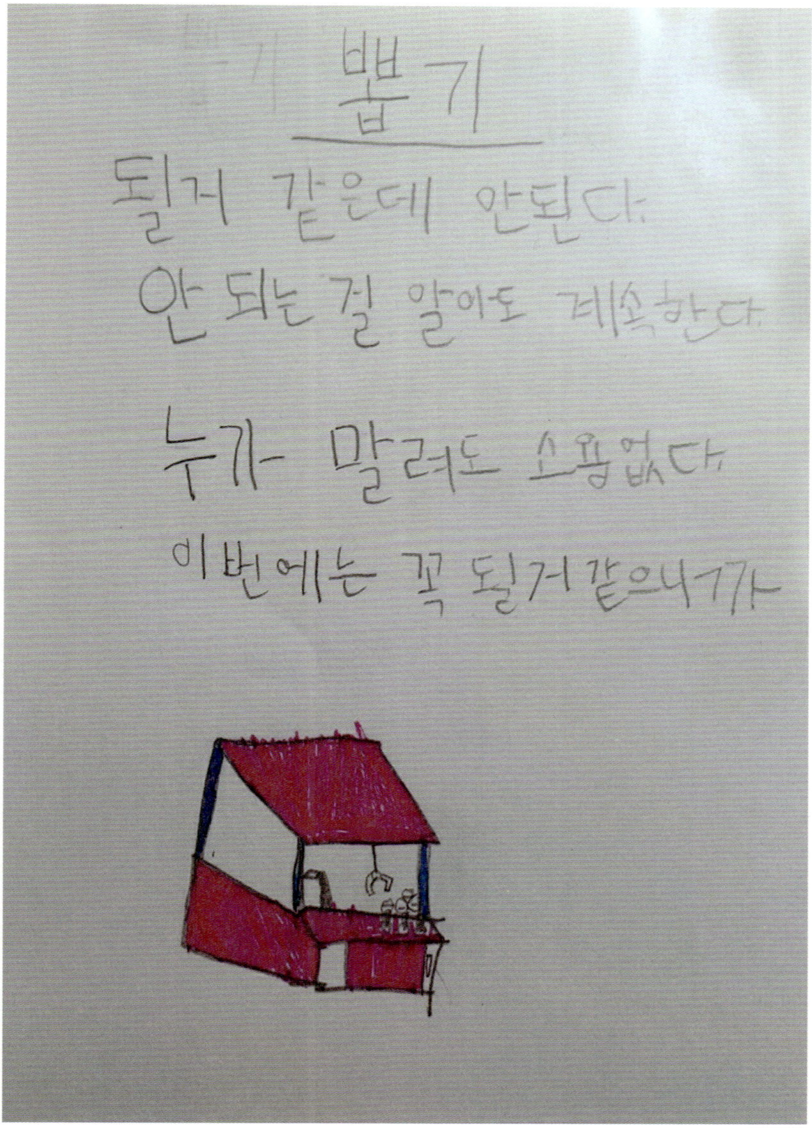

뽑기

될거 같은데 안된다.
안 되는 걸 알아도 계속한다.

누가 말려도 소용없다.
이번에는 꼭 될거 같으니까

*김도도(장남 김원의 작은아들)

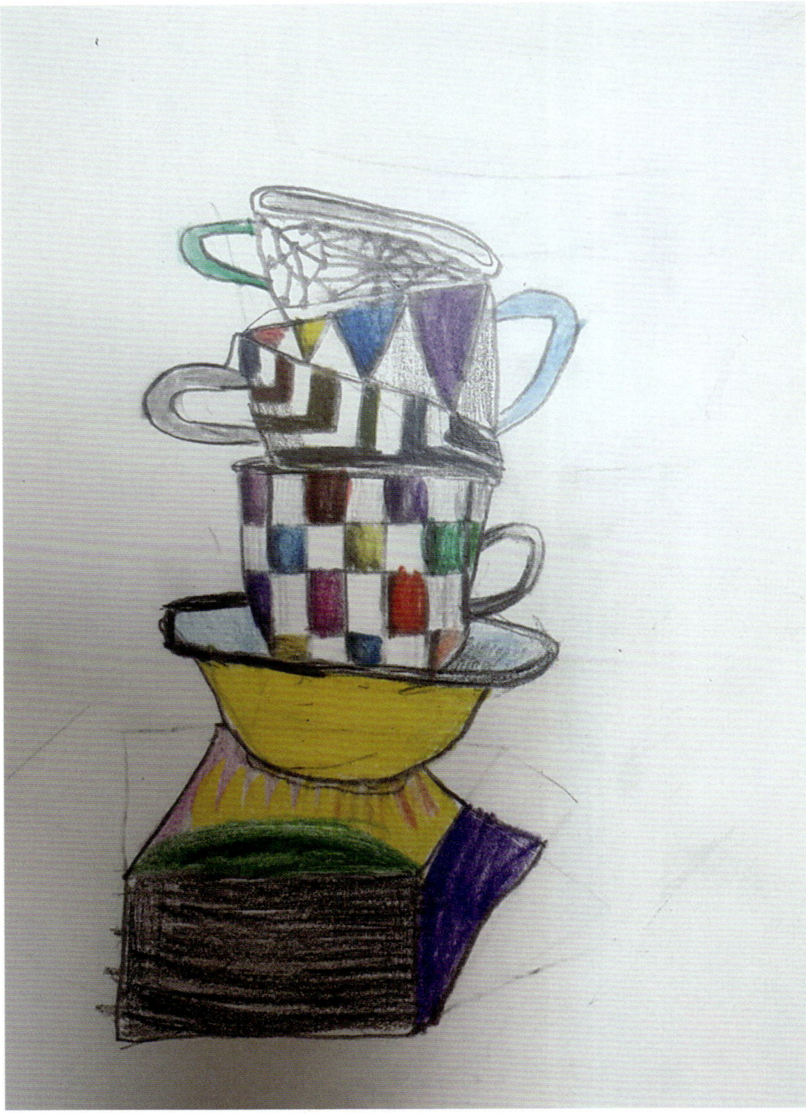

*그림: 김도도

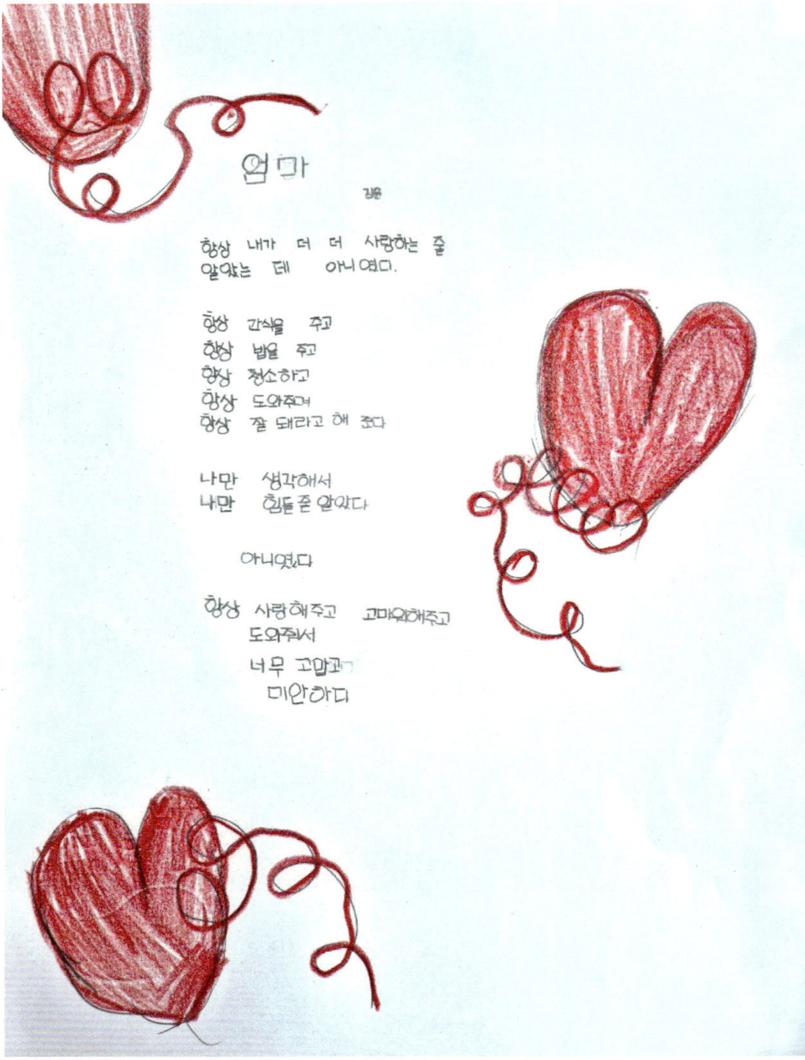
엄마
김윤
항상 내가 더 더 사랑하는 줄
알았는 데 아니였다.
항상 간식을 주고
항상 밥을 주고
항상 청소하고
항상 도와주며
항상 잘 되라고 해 준다
나만 생각해서
나만 힘든 줄 알았다
아니였다
항상 사랑해주고 고마워해주고
도와줘서
너무 고맙고
미안하다

*김 윤(차남 김정의 큰딸)

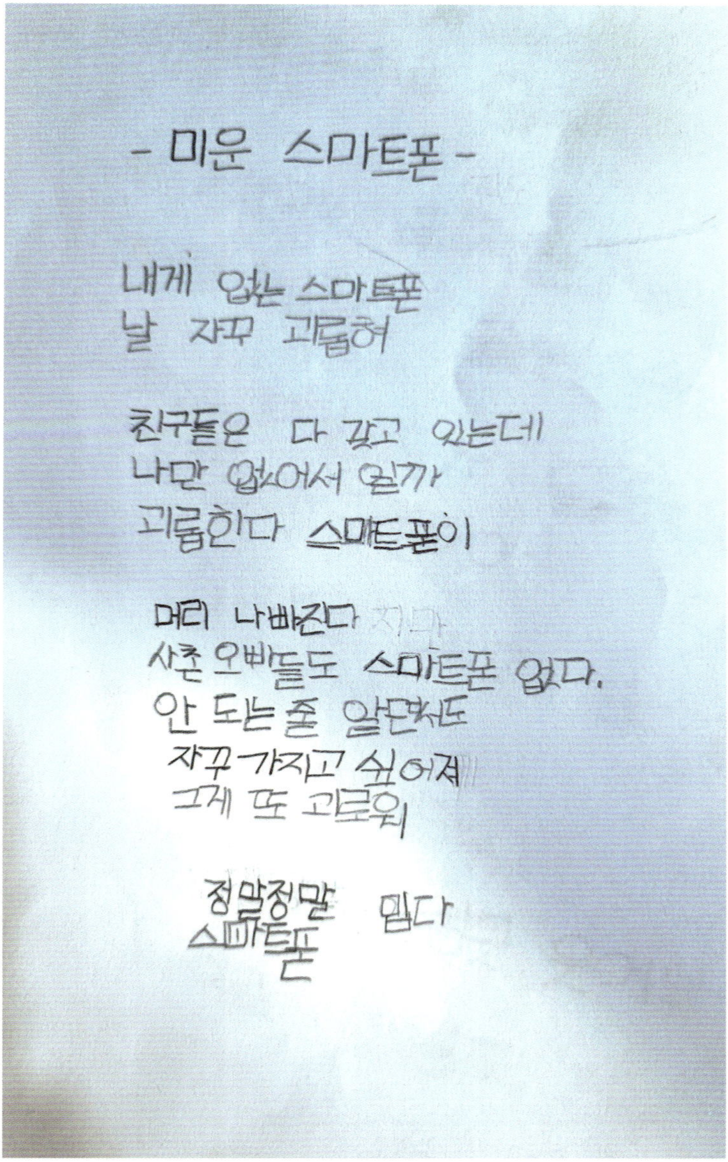
- 미운 스마트폰 -

내게 없는 스마트폰
날 자꾸 괴롭혀

친구들은 다 갖고 있는데
나만 없어서 일까
괴롭힌다 스마트폰이

머리 나빠진다 지만
사촌 오빠들도 스마트폰 없다.
안 되는 줄 알면서도
자꾸 가지고 싶어져
그게 또 괴로워

정말정말 밉다
스마트폰

*김 윤(차남 김정의 큰딸)

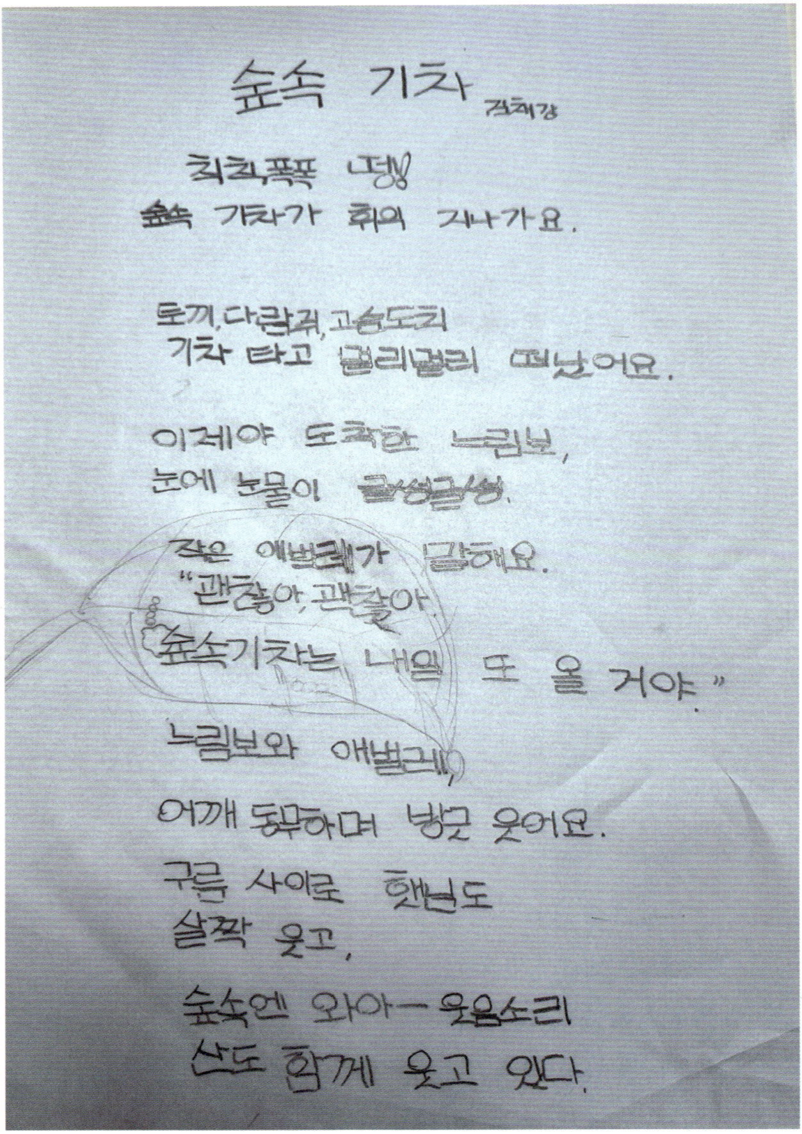

숲속 기차 김채강

칙칙폭폭 나뎅!
숲속 기차가 휘익 지나가요.

토끼, 다람쥐, 고슴도치
기차 타고 멀리멀리 떠났어요.

이제야 도착한 느림보,
눈에 눈물이 글썽글썽.

작은 애벌레가 말해요.
"괜찮아, 괜찮아.
숲속기차는 내일 또 올 거야."

느림보와 애벌레,
어깨 동무하며 방긋 웃어요.

구름 사이로 햇님도
살짝 웃고,

숲속엔 와아— 웃음소리
산도 함께 웃고 있다.

*김채강(차남 김정의 작은딸)

김승길 살아온 삶

金承吉(호 : 아로 信)

現: 비원문화장터 人性開發院 院長

시인, 수필가, 희곡작가

종합문예지『시와창작』신인문학상

한국일보 신춘문예 희곡 당선(1992년도 작품: 〈해부〉)

경향신문 신춘문예 희곡 당선(1992년도 작품: 〈호드기〉)

한국수필 등단(초회 천료 작품: 생일, 완료 작품: 〈어머니의 기도〉)

한국문인협회 회원

희곡작가협회 회원

학력

중고등학교 검정고시

원광보건대학 물리치료과 졸업

방송통신대학교 법학과 졸업

서울예술대학 극작과 졸업

BUDDHIST AND PALI

UNIVERSITY OF SRI LANKA

(스리랑카 빠알리 불교대학 사회철학과 문학사학위 취득)

성공회대학교 사회복지학과 졸업(학사 취득)

성균관대학교 사회복지대학원

사회복지학과 졸업(석사학위 취득)

장로교 성서신학대학 연구과 졸업
고려대학교 노동대학원 지도자 과정 수료
일본 산케이대학 어학연수

자격증

물리치료사 면허 취득
사회복지사 1급 자격증 취득
교원 자격증 취득
국제포교사 자격 취득
대한민국합기도협회(공인 5단)

사회활동

종로 1, 2가동 새마을문고위원 역임
한국 연예정보신문 연예부차장 역임
자람유치원 이사장 역임
슈퍼푸드뱅크(주) 회사 상임고문 역임
법신문 사회부장 역임
월간 문예비전 기획실장 역임
극단 '기역' 대표
기업체 경영 및 인사부문(자문 담당)

공연

〈진짜거지 가짜부자〉 작/연출
(92년도 하나방 소극장 공연)
〈저 앙상한 가지에도 봄은 오는가〉 작/연출
(92년도 고양시 문예회관 공연)

〈해부〉

(샘터파랑새극장 공연)

〈여자를 왜 여자라 하는가〉 각색·제작·공연

(비원문화장터 개관프로 공연)

〈수탉이 알을 낳는 세상〉 작/연출

(성공회대학교 강단 공연)

시집

제1시집 『미래에서 온 세상』

제2시집 『지금 막 도착한 미래 세상』

제3시집 『일상의 작은 씨앗들』

제4시집 『생각으로 생각을 찾아내기』

제5시집 『생각생각 또 다시 생각을!』

제6시집 『침묵 속의 말들』

제7시집 『시시詩詩한 하루』

수필

『왜?』 에세이, 에세이문학 출판부

『인간 아닌 인간으로 사는 법』 (주)에세이퍼블리싱

『그럴지라도』 (주)에세이퍼블리싱

『마음 다이어트』 (주)북랩 출간

소설 및 처세술

『인생』 장편소설 1, 2권, 민미디어 출간

『밤이 어두워질수록 별은 빛난다』 실화소설, 일암기획 출판

『3분 관상칼럼』 한마음 출판사

『신세대 관상법』 한마음 출판사
『김승길의 인생 뒤집기』 도서출판 편집회사 사람들 출간
비디오 출시 〈김승길의 관상학〉 3편(3시간) 서진통상 제작
『관상, 사람을 읽는 성공 심리학』 힘찬북스

기타 활동

한국연예정보신문: 연극, 영화, 문화 평론 연재 (2년)
일간스포츠: 김승길의 3분 관상학 연재(8개월)
주간 경향: 인상학적 처세술 연재(2년)
WIN WIN 월간지: 꿈 연재(8년)
법신문: 법의 뒤안 길-법의 모순 꽁트 연재
스포츠조선: 꿈과 복권 연재(매 월요일)
법신문: 자기연출 기법 연재
기타 신문 문화칼럼 다수
Good buy 잡지: 금주의 운세 연재
www.helloluck.com: 꿈풀이 상담투자의 길일 연재
www.hilotto.co.kr: 금주의 운세 및 복권 길일 연재
로또복권: 행운숫자/띠별 행운숫자 현재 연재

방송 출연

11시에 만납시다
MBC 아침마당
KBS 인간가족 "휘파람을 부세요"
생방송 전국은 지금
생중계 아침의 창
SBS텔레비전 열려라 웃음천국(쇼프로 출연)

SBS 신바람 스튜디오 출연
KBS 특종비디오 저널
KBS 사회교육방송 황필호 교수와의 인생상담 게스트로 출연
SBS 라디오 성공시대 "한밤에 만난 사람"
KBS 라디오 "성형의 찬반토론"
사회교육방송 "인생성공담 소개"
현대케이블 방송 "웃음의 미학"
여자들의 립스틱에 관해
MBC 탈출 IMF 등 다수 출연

출강경력 약술

MBC 아카데미 메이크업 반 출강
SBS 아카데미 메이크업 반 출강
SBS 신바람스튜디오출강: "김승길의 인생캠페인"
'남편을 알면 집안이 행복하다'
조흥은행 상계동 지점 명사 초대 강연: 차별화전략
제일은행본점: 고객관리를 위한 인상연구 및 인맥관리
선경증권 본점(전략 팀): 고객의 마음을 사로잡는 기법
제일은행 돈화문지점: 차별화 전략
제일은행 의정부지점: 고객관리기법
하나은행본점 인력지원부: 인상연구로 고객 다루기(관상학)
조흥은행 상계북 지점 명사 초청 특강: 고객의 마음 읽기
제일은행 논현동 지점: 자신의 극대화 전략
서울시립남부노인종합복지관: 노인 재교육과 갈등 해소
(3년 수요일 정기출강)
영세교회 경로대학: 21세기에 적응할 노인사고의 재정립

인덕원 노인대학: 노인의 새 시대의 가치관 정립
(3년간 매 화요일 정기출강)
농협중앙회 연수원 고급관리자 향상과정:
자기상품은 자신이 만들어라.
정치지망생 모임: 차별화전략으로 자기상품 개발하기
상인조합: 고객의 마음 읽기
21세기모임: 조직과 인맥활용의 전략
세일즈맨 친목모임: 사람보기와 나 보여주기
도봉 여자중학교 특강: 청소년들의 연극을 통한 자아정립
파주여자종합고등학교 특강: 청소년들의 사회적 역할과 미래
남대문연세악세사리 상인회: 신사고로 경영혁신 전략과
고객 다루는 기법
구립 은평노인복지관 출강: 고정관념 타파와
갈등 없는 사회적응의 정신자세
해뜨는 집 간병인회: Hmour로 무장한 대인관계 전략
희망의 집(노숙자 재활센터): 정신력 강화로 자아개발
호암마을 치매노인센터 간병사 보수교육: 전문인으로서
직장생활 극대화 전략
주식회사 생그린 중앙지사: 고정관념을 깨고
차별화 전략으로 고객 다루기
자람 유치원 학부모 특강: 자녀 차별화 교육에 대한 부모 역할
신세계유통 연수원(과장연수): 물고기를 잡으려면
산으로 가라(고정관념파괴)
산악동호인 모임: 인생살이와 시
한전아트센터 임직원: 인생살이 공백메우기 메우기
기타 각종 모임에 출강: '인성계발 및 조직관리'
'인간경영' 등 출강 중

시시詩詩한 하루

김승길 지음

발행처 도서출판 청어
발행인 이영철
영업 이동호
홍보 천성래
기획 육재섭
편집 이설빈
디자인 이수빈 | 구유림
제작이사 공병한
인쇄 두리터

등록 1999년 5월 3일
(제321-3210000251001999000063호)

1판 1쇄 발행 2025년 8월 31일

주소 서울특별시 서초구 남부순환로 364길 8-15 동일빌딩 2층
대표전화 02-586-0477
팩시밀리 0303-0942-0478
홈페이지 www.chungeobook.com
E-mail ppi20@hanmail.net

ISBN 979-11-6855-373-6(03810)